Nasser Almofari
Fayez W. Zaki
Hossam Eldin Mostafa

Estudo do desempenho de TV IP e VOIP em redes IP, MPLS e ATM

Nasser Almofari
Fayez W. Zaki
Hossam Eldin Mostafa

Estudo do desempenho de TV IP e VOIP em redes IP, MPLS e ATM

Imprint

Any brand names and product names mentioned in this book are subject to trademark, brand or patent protection and are trademarks or registered trademarks of their respective holders. The use of brand names, product names, common names, trade names, product descriptions etc. even without a particular marking in this work is in no way to be construed to mean that such names may be regarded as unrestricted in respect of trademark and brand protection legislation and could thus be used by anyone.

Cover image: www.ingimage.com

This book is a translation from the original published under ISBN 978-3-659-86510-7.

Publisher:
Sciencia Scripts
is a trademark of
Dodo Books Indian Ocean Ltd. and OmniScriptum S.R.L publishing group

120 High Road, East Finchley, London, N2 9ED, United Kingdom
Str. Armeneasca 28/1, office 1, Chisinau MD-2012, Republic of Moldova, Europe
Managing Directors: Ieva Konstantinova, Victoria Ursu
info@omniscriptum.com

Printed at: see last page
ISBN: 978-620-3-34255-0

Conteúdo

RECONHECIMENTO

*Antes e acima de tudo, gostaria de deixar registada a minha infinita gratidão a **Alá** por tudo o que me dá.*

__Fayez Wanis Zaki__ , Prof. de Comunicação e Eletrónica, Departamento de Eletrónica e Comunicação, Faculdade de Engenharia, Universidade de Mansoura, por ter sugerido e planeado o trabalho, pela excelente orientação, pelo gentil encorajamento, pelos conselhos científicos, pela revisão crítica do manuscrito e pelos bons desejos que me deram força para tornar este trabalho possível.

Agradeço também muito a orientação recebida do __Dr. Hossam eldin Salah Moustafa__, Professor no Departamento de Eletrónica e Comunicação, Faculdade de Engenharia, Universidade de Mansoura, que proporcionou uma supervisão útil e uma cooperação honesta.

Os meus agradecimentos vão também para todas as mãos estendidas por todos os meus amigos, especialmente os meus amigos mais próximos.

Por último, mas não menos importante, devo uma grande gratidão a todos os membros da minha família, pelo seu apoio, ajuda e encorajamento.

Nasser Almofari

Resumo

A Internet está a desempenhar um papel importante na vida da maioria das pessoas devido à grande variedade de aplicações e serviços fornecidos na Internet. O aumento do número de utilizadores da Internet fez com que os serviços populares de televisão e telefone utilizassem a Internet como meio para chegar aos seus clientes. No entanto, o fornecimento de aplicações em tempo real na Internet é uma tarefa difícil para as redes IP convencionais, uma vez que estas utilizam serviços de melhor esforço que não oferecem garantia de serviços e engenharia de tráfego (TE).

A Qualidade de Serviço (QoS) para redes IP é um conjunto de regras para estabelecer um desempenho melhor e mais fiável para as redes de hoje e de amanhã. Ao transmitir dados em tempo real de aplicações como a telefonia IP, a videoconferência e a difusão IP, é imperativo que os dados sejam transmitidos rapidamente e sem atrasos. Atrasos mais longos significam problemas na comunicação, tempos de transferência variáveis significam que os pacotes de dados são entregues demasiado tarde para serem utilizados, ou mesmo descartados[1].

A comutação de etiquetas multiprotocolo (MPLS) é uma tecnologia emergente que desempenha um papel importante nas redes da próxima geração, proporcionando qualidade de serviço (QoS) e TE. Ultrapassa as limitações, como os atrasos excessivos e a elevada perda de pacotes das redes IP, proporcionando escalabilidade e controlo dos congestionamentos. Devido à baixa latência e à baixa perda de pacotes durante o encaminhamento de pacotes, o MPLS é considerado ideal para aplicações em tempo real[2].

Todas as novas arquitecturas de serviços QoS emergentes são motivadas pelo desejo de melhorar o desempenho global de uma rede IP[3]. Os serviços diferenciados (Diffserv) definem um modelo para implementar a diferenciação escalável da QoS na Internet. Trata-se de uma solução escalável e operacionalmente simples, uma vez que não requer sinalização e estado por fluxo. No entanto, não pode garantir a QoS, porque não influencia o caminho do pacote e, por conseguinte, durante um congestionamento ou falha, mesmo os pacotes de alta prioridade não têm largura de banda garantida. O MPLS, por outro lado, pode forçar os pacotes a seguir caminhos específicos e - em combinação com o encaminhamento baseado em restrições - pode garantir largura de banda para a classe Forwarding Equivalent Class (FEC). Mas, na sua forma básica, o MPLS não especifica o tratamento diferenciado dos fluxos com base em classes. A combinação da classificação baseada em DiffServ e dos PHBs (Per

Hop Behaviors) com o TE baseado em MPLS conduz a uma verdadeira QoS nas espinhas dorsais de pacotes.

Uma das aplicações mais populares das redes IP/MPLS são as redes privadas virtuais (VPN). Quando as empresas têm sítios espalhados por locais distantes que precisam de se interligar, e em vez de terem ligações totalmente dedicadas entre os seus sítios, muitas empresas preferem contratar um serviço de rede privada virtual (VPN) a um fornecedor de serviços VPN, reduzindo assim os custos de ligação. Este modelo de serviço é conhecido como serviço VPN fornecido pelo fornecedor. Entre as normas propostas para a criação de VPNS, as VPN BGP-MPLS-IP são as mais populares. A sua popularidade resulta do elevado número de clientes que podem ser suportados[4].

As falhas de rota na conceção estrutural da grande Internet são muito frequentes e é sempre necessário dispor de um método de recuperação rápida. Normalmente, a recuperação é efectuada através do reencaminhamento IP. As redes IP têm a propriedade de auto-cura, ou seja, o seu encaminhamento reconverte-se após uma falha na rede através da troca de anúncios de estado da ligação (LSA). A desvantagem destes métodos é a sobrecarga de tempo, que é tolerável para o tráfego elástico, mas não para o tráfego em tempo real. A proteção resolve o problema da baixa velocidade de reconvergência. É normalmente implementada na tecnologia de comutação de etiquetas multiprotocolo (MPLS) devido à sua capacidade de pré-estabelecer antecipadamente caminhos de backup explicitamente encaminhados. Dependendo do local onde é feita a reação às falhas, os mecanismos de comutação de proteção podem distinguir-se em proteção de extremo a extremo e proteção local.

Objetivo da tese

O objetivo desta tese é resumido da seguinte forma:

- Dar um bom estudo teórico das redes IP, aplicações multimédia, qualidade de serviço (QoS) e MPLS com as suas aplicações como engenharia de tráfego e redes privadas virtuais.

- Estudar o efeito da alteração dos esquemas de codificação e dos mecanismos de QoS em aplicações multimédia (VoIP, IP TV, ... etc.).

- Estudo experimental do desempenho da rede IP tradicional em comparação com a rede MPLS nas comunicações multimédia.

- Estudo experimental do efeito da integração da arquitetura de serviços diferenciados

(DiffServ) com as redes MPLS.

• Estudo experimental dos aspectos de escalabilidade do protocolo Border Gateway Protocol- Multi Protocol label switching- Internet protocol- Virtual Private Networks (BGP-MPLS IP VPNs) quando utilizado para aplicações VoIP ou de videoconferência.

• Estudo experimental dos métodos de recuperação de falhas em redes MPLS.

Organização da tese

O resto da presente tese está organizado da seguinte forma:

Chapter 2: apresenta uma breve descrição das redes IP e ATM e das suas limitações nas aplicações em tempo real.

Chapter 3: Explica o estado da arte da arquitetura, funcionalidade e engenharia de tráfego MPLS.

Chapter 4: Explica as aplicações multimédia, a compressão de voz e vídeo, os codecs de voz e vídeo, o VoIP e a QoS.

Chapter 5: Apresenta a rede privada virtual (VPN), VPNs MPLS e os problemas de escalabilidade em VPNs BGP MPLS.

Chapter 6: apresenta a simulação informática e os resultados de aplicações de voz e vídeo sobre redes IP e MPLS com diferentes configurações para estudar o desempenho, bem como a escalabilidade das VPNs BGP MPLS.

Chapter 7: Contém conclusões e trabalhos futuros.

Lista de abreviaturas

Acronym	Definition
AAL	ATM adaptation layer
ABR	Available Bit Rate
ACELP	Algebraic Code Exited Linear Prediction
ADPCM	Adaptive Differential Pulse Code Modulation
AF	Assured Forwarding
AS	Autonomous System
ATM	Asynchronous Transfer Mode
AToM	Any transport over MPLS
BA	Behavior Aggregate
BGP	Border Gateway Protocol
CBR	Constrained Based Routing (in MPLS)
CBR	Constant Bit Rate
CDVT	Cell Delay Variation Tolerance
CE	Customer Edge
CELP	Code Excited Linear Prediction
C-IPOA	Classical IP Over ATM
CL	Controlled Load
CLP	Cell Loss Priority
CLR	Cell Loss Ratio
CoS	Class of Service
CPE	Customer Premises Equipment
CPU	Central Processing Unite
CQS	Classification, Queue, and Scheduling
CR-LDP	Constraint-based Routing Label Distribution Protocol
CS-ACELP	Conjugate Structure Algebraic Code Excited Linear Prediction
CSPF	Constrained Shortest Path First
CU	Currently Unused
DiffServ	Differentiated Service
DRR	Defect Round Robin
DSCP	Differentiated Service Code Point
EF	Expedited Forwarding

EGP	Exterior Gateway Protocol
EIGRP	External Interior Gateway Protocol
EXP	Experimental bits
FEC	Forwarding Equivalence Class
FIB	Forwarding Information Base
FIFO	First Input First Output
FR	Frame Relay
FSMS	Finite State Machines
Gbps	Gigabits per second
GFC	Generic Flow Control
GK	Gatekeeper
GNS	Graphic Network Simulator
GPS	Generalized Processor Sharing
GPS	Generalized Processor Sharing
GS	Guaranteed Service
GW	Gateway
HEC	Header Error Control
IETF	Internet Engineering Task Force
IGP	Interior Gateway Protocol
IntServ	Integrated Services
IP	Internet Protocol
IPsec	IP Security protocol
IPv4	Internet Protocol version four
IS-IS	Intermediate System-to-Intermediate System
ISP	Internet Service Provider
ITU	International Telecommunication Union
L2TP	Layer 2 Tunneling Protocol
LAN	Local Area Network
LD-CELP	Low Delay Code Excited Linear Prediction
LDP	Label Distribution Protocol
LER	Label Edge Router
LSAs	Link state advertisements
LSP	Label Switching Path
LSR	Label Switching Router
Mbps	Megabit per second
MC	Multipoint Controller
MCR	Minimum Cell Rate

MCU	Multipoint Control Unit
MDRR	Modified Defect Round Robin
MIPS	Millions of Instructions Per Second
MOS	Mean Opinion Score
MP	Multipoint Processor
MPLS	Multi Protocol Label Switching
MP-MLQ	Multi-Pulse Maximum Likelihood Quantizer
MPOA	Multi-protocol Over ATM
NNI	Network Node Interface
nrt – VBR	Non-real-time Variable Bit Rate
NS 2	Network simulator
OC3	Optical Carrier
OPNET	Optimized Network Engineering Tool
OSI	Open Systems Interconnection
OSPF	Open Shortest Path First
P	Provider Router
PCM	Pulse Code Modulation
PCR	Peak Cell Rate
PE	Provider Edge
PE	Provider Edge
PETED	Packet End To End Delay
PHB	Per Hop Behavior
PP VPN	Provider-provisioned VPNs
PPP	Point to Point Protocol
PQ	Priority Queuing
PSTN	Public Switched Telephone Network
PT	Payload Type
QoS	Quality of Service
RAS	Registration, Admission, and Status
RD	Route Distinguisher
RED	Random Early Detection
RIB	Routing Information Base
RIP	Routing Information Protocol
RM- cells	Resource Management cells
RR	Route Reflector
RSVP	Resource Reservation Protocol
RSVP- TE	Resource Reservation Protocol- Traffic Engineering extension

RT	Route Target
rt- VBR	real-time Variable Bit Rate
RTCP	Real-time Transport Control Protocol
RTP	Real-time Transport Protocol
SC	Service Category
SDP	Session Description Protocol
SIP	Session Initiation Protocol
SLA	Service Level Agreement
TCP	Transmission Control Protocol
TDM	Time-Division Multiplexing
TE	Traffic Engineering
TOS	Type Of Service
TTL	Time TO Live
UA	User Agent
UBR	Unspecified Bit Rate
UDP	User Datagram Protocol
UNI	User Network Interface
VBR	Variable bit rate
VCI	Virtual Channel Identifier
VoIP	Voice over IP
VPI	Virtual Channel Identifier
VPN	Virtual Private Network
VRF	Virtual Route Forwarding
WAN	Wide Area Network
WFQ	Weighted Fair Queuing
WRED	Weighted Random Early Detection
WRR	Weighted Round Robin

Capítulo 1 Introdução e revisão da literatura

Introdução e revisão da literatura

1.1 Visão geral

O fornecimento de aplicações em tempo real na Internet é uma tarefa difícil para as redes IP convencionais, uma vez que estas utilizam serviços de melhor esforço que não oferecem garantias de serviços e engenharia de tráfego (TE). Todos os métodos emergentes de QoS foram concebidos para melhorar o desempenho global das redes IP, como o DiffServ, que define um modelo para a implementação de uma diferenciação escalável da QoS na Internet. Trata-se de uma solução escalável e operacionalmente simples, mas que não pode garantir a QoS, porque não influencia o caminho do pacote e, por conseguinte, durante um congestionamento ou uma falha, mesmo os pacotes de alta prioridade não têm largura de banda garantida. O MPLS, por outro lado, pode forçar os pacotes a seguir caminhos específicos utilizando capacidades de engenharia de tráfego.

O MPLS tem também outras aplicações, como as redes privadas virtuais (VPN) e a recuperação de falhas, que fazem das redes MPLS uma boa escolha para os fornecedores de serviços Internet (ISP).

1.2 Trabalhos relacionados

No trabalho de **Rouhana e Horlait** [3], eles mostraram como o MPLS combinado com serviços diferenciados e roteamento baseado em restrições forma um modelo de Internet simples e eficiente capaz de fornecer aplicações com QoS diferenciada. Também propuseram como esta arquitetura de serviços pode interoperar com regiões vizinhas que suportam mecanismos de QoS IntServ e DiffServ.

Al-Irhaym et. al. [5] fez uma análise de MPLS e DiffServ e DiffServ-MPLS e desenvolveu uma rede com uma única ligação de estrangulamento utilizando o simulador de rede (NS-2), implementou MPLS e Diffserve nesta ligação e analisou as métricas de desempenho da rede em diferentes condições. Verifica-se que o modelo de rede não estudou corretamente os problemas da rede de voz sobre Diffserv-MPLS, porque a principal vantagem do MPLS na rede é a distribuição da carga pelas ligações da rede, embora seja utilizada apenas uma ligação. Além disso, apenas o atraso dos pacotes é medido, enquanto outras métricas de desempenho, como o débito, a perda de pacotes e o jitter, não são apresentadas.

Saad et. al. [6] Combinaram a tecnologia DiffServ com a engenharia de tráfego sobre MPLS para oferecer a um mecanismo adaptativo capaz de encaminhar o tráfego IP de alta prioridade através de múltiplos caminhos paralelos para cumprir as restrições de tempo de atraso. Propõem um método de pacote de sonda para recolher medições de atraso ao longo de vários caminhos paralelos. Utilizam-nas num preditor de atrasos extremo-a-extremo que produz uma estimativa atual rápida do atraso extremo-a-extremo.

Chpenst e Curran [7] propuseram uma estrutura de rede e um algoritmo que oferecem uma solução que determina dinamicamente rotas com restrições de QoS com um certo número de pedidos e encaminha o tráfego dentro da rede de modo a que os pedidos sejam transportados com a QoS necessária, utilizando plenamente os recursos da rede. Aplicando o gestor central de recursos, eliminam a complexidade de encontrar rotas com QoS no núcleo da rede. Por último, utilizando a versão modificada do algoritmo de Dijkstra, apresentam uma solução para determinar dinamicamente as rotas com restrições de QoS, equilibrando simultaneamente a carga na rede.

Hongyun et. al. [8] Explicaram teoricamente um modelo de arquitetura de serviços em que parte da tecnologia subjacente utilizada para o transporte IP é MPLS, utilizando mecanismos do tipo Diffserv e encaminhamento baseado em restrições para a engenharia de tráfego, e concluíram que o suporte MPLS do DiffServ é ainda mais simples e mais escalável do que o IntServ com RSVP normalizado.

Zeng et. al. [9] Concentrou-se nos algoritmos de escalonamento. Propuseram um escalonador eficiente em termos de largura de banda para fornecer garantias de QoS às classes EF e AF. Os resultados da simulação mostram que o escalonador proposto supera o Cisco Modified Defect Round Robin (MDRR) na garantia de QoS para as classes AF e supera os escalonadores de enfileiramento justo na utilização da largura de banda.

Porwal et. al. [10] apresentaram uma análise dos protocolos de sinalização MPLS para engenharia de tráfego, mostraram a capacidade de fornecer engenharia de tráfego em MPLS em comparação com o protocolo de roteamento convencional e explicaram as operações do MPLS Label Switching Router (LSR) com base na funcionalidade básica do LSR de classificação, fila e agendamento. As comparações entre o protocolo de distribuição de etiquetas de encaminhamento baseado em restrições (CR-LDP), o protocolo de reserva de recursos (RSVP) e o protocolo de reserva de recursos - extensão de engenharia de tráfego (RSVP-TE) são realizadas com base nos aspectos de fiabilidade e adaptabilidade do LSP. Além disso, este documento também apresenta uma análise comparativa da rede MPLS e não MPLS e mostra que o MPLS proporciona um melhor desempenho da rede para ambientes de tráfego intenso.

Jaffar et. al. [11] estudaram a influência do mecanismo de QoS através de DiffServ-MPLS em parâmetros de rede como a perda de pacotes, o atraso e o débito para diferentes resoluções de vídeo. O estudo exaustivo mostrou uma melhoria geral do débito e da perda de pacotes, em especial na transmissão de vídeo, quando se utiliza uma rede MPLS com reconhecimento de DiffServ, em comparação com a utilização de apenas MPLS ou DiffServ. Não é utilizado o mesmo esquema de filas nos diferentes cenários, pelo que os resultados não comparam as diferentes tecnologias, mas sim os diferentes esquemas de filas.

Ahmed e Zafar [12] adoptaram o Graphic Network Simulator (GNS3) para comparar redes IP tradicionais e redes MPLS sem considerar quaisquer outros mecanismos de QoS. A análise comparativa baseia-se nos parâmetros de engenharia de tráfego, como a variação do atraso, a utilização efectiva da largura de banda, o jitter, a qualidade do serviço (QoS), a perda de dados e o congestionamento. Os resultados da comparação revelaram que a engenharia de tráfego através de redes MPLS melhorou a fiabilidade, a escalabilidade e outros parâmetros em comparação com as redes IP tradicionais.

Naoum e Maswady [13] efectuaram um estudo de simulação de uma rede de escritórios multi-site para tráfego de comunicações VoIP G.723 aplicado a dois modelos de infraestrutura de rede: um para IP e outro para MPLS, tendo os resultados sido encorajadores para o modelo MPLS.

No domínio das redes privadas virtuais (VPN), **Houidi e Meulle** [4] mostraram que o BGP não é adequado para o encaminhamento de VPN em grande escala, porque obriga alguns encaminhadores a manter o estado de todas as rotas na rede. Propõem um novo encaminhamento VPN em duas etapas em vez de utilizar o BGP normal.

Palmieri [14] referiu que estão a surgir duas arquitecturas únicas e complementares baseadas em túneis encriptados tradicionais da indústria, as tecnologias IP Security Protocol (IPSec) e Multiprotocol Label Switching (MPLS), que constituem o quadro predominante para a prestação de serviços VPN de elevado desempenho. Os pontos fortes e os pontos fracos de ambas as abordagens analisadas, bem como as suas caraterísticas de desempenho e escalabilidade, são comparados através de testes com base nos requisitos das futuras espinhas dorsais ópticas de elevado desempenho. Os resultados demonstraram que as redes VPN baseadas em MPLS satisfizeram ou excederam todas as caraterísticas de desempenho, fiabilidade e segurança de um túnel de encriptação comparável ou de uma VPN baseada no nível 2, como IPsec, Frame-Relay ou ATM.

Veitch [15] Avaliou em pormenor as facetas subjacentes da escalabilidade e da funcionalidade que continuam a impulsionar os avanços da engenharia nas redes VPN BGP/MPLS. Mostrou também que continua a haver um número significativo de desafios emergentes que beneficiariam tanto a atividade de normalização em curso em como a investigação académica para fazer desenvolvimentos que garantam que as VPN BGP/MPLS continuem a evoluir e a adaptar-se para suportar um conjunto rico de caraterísticas de serviço de uma forma escalável.

Minei e Marques [16] descreveram o modo de funcionamento básico da L3VPN, discutiram as propriedades de escalonamento das VPNs IP BGP/MPLS e mostraram como os reflectores de encaminhamento (RR) reduzem os estados de controlo que têm de ser mantidos nos encaminhadores de extremidade do fornecedor (PE), mas à medida que os grupos RR crescem em número de clientes, a carga da CPU aumenta. Por conseguinte, a única solução para resolver verdadeiramente a limitação da CPU no RR é reduzir o número de anúncios de rotas VPN que são enviados, o que pode ser feito utilizando a filtragem de objectivos de rotas.

Nos trabalhos de **Ming-hui et. al.** [17] e **Jing-bo et. al.** [18], o simulador OPNET é utilizado para estudar o desempenho da VPN BGP MPLS em comparação com a rede MPLS sem VPN. Estes documentos apresentam uma desvantagem, pois utilizam exemplos prontos do modelador OPNET e não trabalham com eles para obter resultados significativos.

No trabalho de **Jun an Ying** [19], o modelo do sistema de gestão de redes foi introduzido de forma resumida e o processo de implementação de serviços foi descrito, suportando várias soluções de construção de redes e protocolos de encaminhamento.

Capítulo 2 Redes IP e ATM Redes IP e ATM

1.3 Redes IP

As redes informáticas são constituídas por um certo número de dispositivos interligados, ou seja, encaminhadores, comutadores, servidores e nós finais, que necessitam de um mecanismo de protocolo comum para efetuar comunicações. O modelo de referência OSI define sete camadas para o mecanismo de comunicação, ao passo que a Internet implementa protocolos TCP/IP para estabelecer a via de comunicação e efetuar a transmissão de dados [20]

1.3.1 Protocolo Internet (IP)

O Protocolo Internet (IP) permite a criação de uma rede global entre uma mistura infinita de sistemas e meios de transmissão[21]. A principal função do IP é enviar os dados da origem para o destino. Os dados são enviados sob a forma de pacotes. Todos os pacotes são encaminhados através de uma cadeia de encaminhadores e de várias redes para chegarem ao destino. Na Internet, cada encaminhador toma uma decisão independente sobre cada pacote que chega. Quando um pacote chega a um encaminhador, (dependendo do endereço de destino no cabeçalho do pacote) o encaminhador encaminha o pacote para o próximo salto consultando a sua tabela de encaminhamento. O processo de reencaminhamento dos pacotes pelos encaminhadores continua até que o pacote chegue ao destino.

Para cada pacote, a versão 4 do IP (IPv4) adiciona um cabeçalho constituído por 20 bytes, como ilustrado na Figura 2.1 [22].

0 bit 4 8 16 19 32 bits			
Versão H. L TOS		Comprimento	
Identificador		Bandeiras	Desvio
TTL	Protocolo	Soma de controlo	
Endereço de origem			
Endereço de destino			
Opção(variável)			Preenchimento

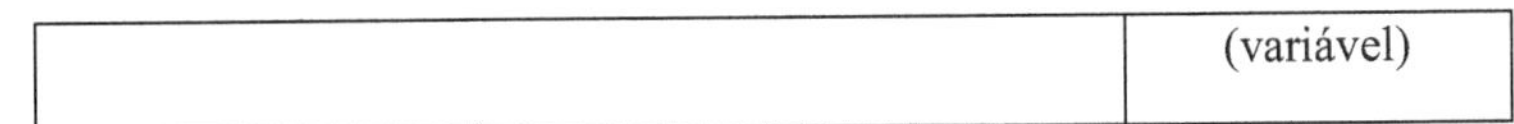

Figura 2.1: Cabeçalho do pacote IPv4

Os campos são definidos da seguinte forma:

• Número da versão IP: 4 bits, utilizado para identificar a versão IP (ou seja, 4 ou 6)

• Comprimento do cabeçalho (H.L): 4 bits, descreve o comprimento do cabeçalho e é expresso numa palavra de 32 bits.

• Sinalizadores de tipo de serviço (T.OS): 8 bits, contêm sinalizadores de 1 bit utilizados para especificar parâmetros de atraso, prioridade e débito.

• Campo de comprimento total: 16 bits, indica o comprimento total do pacote IP em bytes.

• Identificador de pacote: 16 bits, utilizado para identificar o fragmento de um datagrama.

• Flags: Três flags de 1 bit, que indicam se este pacote pode ser fragmentado ou não.

• Campo Fragment Offset: 13 bits, utilizado para medir o deslocamento do fragmento. Normalmente é um incremento de 64 bits.

• Campo Time-to-Live (TTL): 8 bits, os remetentes definem este campo no intervalo 0-255. É utilizado para limitar a itinerância do datagrama.

• Campo do identificador de protocolo: 8 bits, utilizado para identificar o protocolo da camada superior, por exemplo, TCP ou UDP.

• Checksum: 16 bits, utilizado para verificação de erros e para informar o destino sobre o tamanho do tráfego recebido. Ao chegar ao destino, o pacote é verificado em relação a este valor e o resultado é comparado com o checksum anexado; se o resultado for o mesmo, significa que o datagrama sobreviveu a qualquer dano ou perda.

• Endereço IP de origem: Endereço IP do anfitrião remetente/fonte.

• Endereço IP de destino: Endereço IP do anfitrião recetor/destino.

• Preenchimento: O cabeçalho IP deve ser um múltiplo de 32 bits; se for inferior a 32 bits, são acrescentados zeros extra [22].

2.1.2 Encaminhamento IP

Numa rede internacional, como a Internet, é muito improvável que seja utilizado um único protocolo de encaminhamento para toda a rede. Em vez disso, a rede será organizada como um conjunto de sistemas autónomos (AS), cada um dos quais terá a sua própria tecnologia de encaminhamento, que pode diferir entre sistemas autónomos (ASs). O protocolo de encaminhamento utilizado num AS é designado por Protocolo de Gateway Interior (IGP). Um protocolo separado, denominado Protocolo de Gateway Exterior (EGP), é utilizado para transferir informações de encaminhamento entre os ASs.

No roteamento convencional, para construir tabelas de encaminhamento, cada roteador executa protocolos de roteamento IP como Border Gateway Protocol (BGP), Open Shortest Path First (OSPF) ou Intermediate System-to-Intermediate System (IS-IS) [23]. Esses protocolos permitem que os roteadores construam a tabela de encaminhamento como mostrado na Figura 2.2.

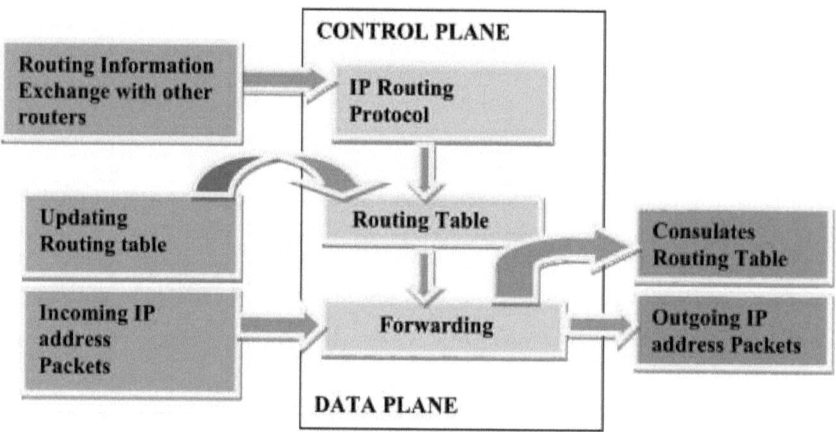

Figura 2.2: Router tradicional

Para encaminhar o pacote e controlar as tabelas de encaminhamento, o plano de dados e o plano de controlo são os principais componentes. O plano de dados é um componente de encaminhamento responsável por encaminhar os pacotes da interface de entrada para a interface de saída no router. No plano de dados, as decisões de encaminhamento são tomadas através da consulta da tabela de encaminhamento.

O plano de controlo é o componente de controlo responsável pela construção e manutenção da tabela de encaminhamento. O plano de controlo utiliza a informação dos protocolos de encaminhamento, tais como (OSPF), (IS-IS) e (BGP), para construir e atualizar a tabela de encaminhamento. Estes dois planos estão integrados nos routers tradicionais [2].

Os routers implementam o algoritmo de estado da ligação ou o algoritmo de vetor de distância para escolher o melhor caminho da origem ao destino. No protocolo de informação de encaminhamento (RIP), é utilizado o vetor de distância, enquanto o OSPF utiliza o algoritmo de estado da ligação.

2.1.2.1 Protocolo de informação de encaminhamento (RIP)

O RIP é um protocolo de encaminhamento baseado em algoritmos de vetor de distância em que os encaminhadores trocam informações periodicamente através da sua tabela de encaminhamento. O caminho entre a origem e o destino é determinado como o melhor caminho que contém o menor número de saltos. Mas o protocolo está limitado a redes cujo caminho mais longo (o diâmetro da rede) é de 15 saltos. Os projectistas acreditam que a conceção básica do protocolo é inadequada para redes maiores.

Assume-se que cada router que implementa o RIP tem uma tabela de encaminhamento. Esta tabela tem uma entrada para cada destino acessível em todo o sistema que está a funcionar com o RIP. Cada entrada contém pelo menos as seguintes informações:

- O endereço IPv4 do destino.

- Uma métrica que representa o custo total de levar um datagrama do router para esse destino. Esta métrica é a soma dos custos associados às redes que seriam percorridas para chegar ao destino.

- O endereço IPv4 do router seguinte ao longo do caminho para o destino (ou seja, o salto seguinte). Se o destino estiver numa das redes diretamente ligadas, este item não será necessário.

Os pacotes RIP trocam informações de encaminhamento através da transmissão de mensagens a partir da porta 520 do protocolo UDP (User Datagram Protocol) [24]. A versão 1 do RIP apresenta uma série de limitações:

- Limites de custo do caminho: As redes que requerem caminhos superiores a 15 saltos devem utilizar um protocolo de encaminhamento alternativo.

- Actualizações de tabelas com uso intensivo da rede: A difusão periódica da tabela de vectores de distância pode resultar numa maior utilização dos recursos da rede.

- Convergência relativamente lenta: O RIP, tal como outros protocolos de vetor de distância, é relativamente lento a convergir.

- Classe completa: Os anúncios de rotas num ambiente RIP não incluem informações de máscara de sub-rede.

O RIPv2 foi desenvolvido para resolver as limitações observadas no RIPv1.

2.1.2.2 Protocolo OSPF (Open Shortest Path First)

OSPF é um protocolo de roteamento link-state. Foi concebido para ser executado internamente a um único sistema autónomo. Cada router OSPF mantém uma base de dados idêntica que descreve a topologia do sistema autónomo. A partir desta base de dados, é calculada uma tabela de encaminhamento através da construção de uma árvore de caminho mais curto. O OSPF recalcula as rotas rapidamente face a alterações topológicas, utilizando um mínimo de tráfego do protocolo de encaminhamento. O OSPF oferece suporte a caminhos múltiplos de custo igual. É fornecida uma capacidade de roteamento de área, permitindo um nível adicional de proteção de roteamento e uma redução no tráfego do protocolo de roteamento. Além disso, todas as trocas de protocolos de encaminhamento OSPF são autenticadas em [25].

O protocolo OSPF tem múltiplas vantagens em comparação com o protocolo RIP, ou seja, configuração hierárquica da topologia, dinamismo na adoção de alterações na Internet, opção de escalabilidade para redes de grandes dimensões, autenticação para alteração da informação da tabela de encaminhamento e capacidade de utilizar diferentes máscaras de sub-rede. Cada datagrama é composto por um tipo de serviço (TOS) e um campo de endereço IP no protocolo OSPF para calcular e otimizar o caminho para cada (TOS) [25].

2.1.2.3 Protocolo de gateway de fronteira (BGP)

O Border Gateway Protocol (BGP) é um protocolo de encaminhamento entre sistemas autónomos. O BGP funciona em TCP para uma transmissão orientada para a ligação e uma maior fiabilidade. Funciona através da porta TCP 179 e também dá apoio à agregação de rotas e ao encaminhamento interdomínios sem classes. Se dois sistemas, ou seja, os encaminhadores executarem o BGP e ligarem dois sistemas autónomos (AS) diferentes, as ligações são designadas por ligações externas, ao passo que se as ligações estiverem no mesmo AS são designadas por interligações. O TCP estabelece a conetividade entre dois encaminhadores no mesmo AS ou em AS diferentes para permitir o intercâmbio fiável de tabelas de encaminhamento e respectivas actualizações armazenadas na base de informações de encaminhamento (RIB) [26].

O BGP tem um cabeçalho de mensagem constante de 152 bits, que contém quatro tipos de mensagens: atualização, abertura, manter vivo e mensagens de notificação. Apenas a mensagem keep-alive fornece um pedido automático de mensagem, enquanto as outras mensagens incluem também mais informações.

2.1.3 Algumas limitações do encaminhamento IP tradicional

2.1.3.1 Não há melhor serviço

As redes IP tradicionais utilizam o encaminhamento de melhor esforço, o que não permite que os seus utilizadores obtenham uma qualidade de serviço, independentemente de quanto paguem por um serviço melhor e de quais sejam as suas necessidades. Assim, com o aumento da utilização da Internet para fins comerciais, a rede de encaminhamento IP sem diferenciação não é boa porque os ISP não têm meios para satisfazer a procura do mercado atual. Além disso, o serviço pode não ser necessário para as redes mais pequenas, mas para as redes críticas e de grande dimensão qualquer perda de dados pode resultar numa qualidade de tráfego muito má.

2.1.3.2 Classe de serviço (CoS)

A classe de serviço é utilizada para distinguir entre tipos de dados diferentes. O encaminhamento IP tradicional não consegue distinguir entre diferentes tipos de dados. Todos os dados na rede de encaminhamento IP são tratados da mesma forma, sem olhar para os recursos da rede. Não é possível apoiar a classe de serviço nas origens do utilizador ou do tráfego, o que resulta em congestionamento ou subutilização dos dados. O MPLS resolve este problema utilizando a Forward Equivalence Class (FEC) (abordada no capítulo 3). Além disso, a incapacidade do IP de descobrir a largura de banda acessível ou o congestionamento numa rota contribui para avaliações de encaminhamento descuidadas. Uma boa resposta dada pelo IP para ultrapassar este tipo de problema é o chamado "Balanceamento de carga", mas devido ao seu método fácil de dividir o tráfego, é extremamente afetado pelos problemas de escalabilidade.

2.1.3.3 Escalabilidade

O encaminhamento IP tem o problema da escalabilidade devido ao seu método de encaminhamento. No encaminhamento IP, o encaminhamento do tráfego e a determinação da rota estão diretamente incorporados. A forma de encaminhamento pode ser facilmente alterada mudando qualquer um destes dois métodos, enquanto os algoritmos de encaminhamento funcionam atualmente de forma gradual devido à dimensão crescente das tabelas de encaminhamento dos encaminhadores. Melhorar o modelo de encaminhamento IP significa melhorar tanto o encaminhamento do tráfego como a determinação da rota, o que acabará por resultar em dificuldades crescentes. Isto não é possível no contexto da dimensão das tabelas de encaminhamento. A execução do encaminhamento IP em grandes sistemas é inversamente proporcional à velocidade, o que significa que não é escalável. Por outro lado, o MPLS resolve este problema separando a determinação do itinerário e o encaminhamento do tráfego da rede.

2.1.3.4 Recuperação da rota IP

As falhas de rota na conceção estrutural da grande Internet são muito frequentes e é sempre necessário dispor de um método de recuperação rápida. Quando uma ligação entre dois encaminhadores deixa de funcionar nas rotas IP, a sua velocidade de recuperação depende principalmente de duas caraterísticas. A primeira é o tempo que um salto demora a detetar a falha na rede e a transmitir a informação de falha a todos os encaminhadores da rede. A segunda é o tempo necessário para calcular as novas tabelas de encaminhamento e encontrar o caminho para o tráfego da rede. Existem algumas mensagens que são utilizadas pelos protocolos de encaminhamento para saber se uma ligação deixou de funcionar ou continua a funcionar. Mas, para além destas mensagens, os protocolos de encaminhamento não conseguem encontrar a localização das rotas que falharam. A desvantagem de tais métodos é óbvia: são lentos. Em particular, o intervalo de tempo para trocar as actualizações dos anúncios de estado da ligação (LSA) não pode ser reduzido a valores arbitrariamente pequenos e o cálculo dos caminhos mais curtos necessários para construir as tabelas de encaminhamento com base nos novos LSA exige uma quantidade substancial de tempo. Este excesso de tempo é tolerável para o tráfego elástico, mas não para o tráfego em tempo real. No entanto, a reconvergência do algoritmo de encaminhamento IP é um mecanismo de restauro muito simples e robusto .

2.1.4 Engenharia de tráfego (TE)

A Engenharia de Tráfego (TE) faz parte da engenharia de rede da Internet que controla o fluxo de tráfego nas redes e proporciona a otimização do desempenho. Para implementar a TE, é necessário um mecanismo para publicitar a informação atual sobre as ligações para os nós, de modo a que estes possam construir um mapa sobre a topologia da rede. É crucial que a informação sobre as falhas de ligações ou de nós seja rapidamente propagada através das redes. Isto faz com que o problema seja resolvido rapidamente. Além disso, ao selecionar o caminho mais curto entre os nós, é necessário ter em conta outras restrições, como a largura de banda e o atraso.

2.1.4.1 Desafios da rede IP para TE

É muito difícil fornecer TE em redes IP convencionais. Os pacotes nas redes IP são encaminhados escolhendo o caminho mais curto da origem ao destino. A escolha dos caminhos mais curtos [6] pode poupar recursos da rede, mas pode causar os seguintes problemas

• Os caminhos mais curtos de várias fontes sobrepõem-se em algumas ligações na Internet, o que causará congestionamento nessas ligações.

• O caminho mais longo entre dois nós é subutilizado, mesmo que a capacidade de tráfego exceda a capacidade do caminho mais curto entre os nós.

• O multipercurso de ligações de custo igual ocorre quando uma fonte precisa de transferir o tráfego para o destino através de caminhos com custos iguais. Uma vez que o IP encaminha os pacotes com base no endereço de destino, utiliza uma das ligações entre as ligações multipercurso de custo igual sem ter em conta o fator de utilização das ligações. Assim, o tráfego pode não ser encaminhado para a ligação que está menos ocupada ou que está a encaminhar menos tráfego em comparação com outros caminhos.

Para implementar a TE de forma eficaz, a Internet Engineering Task Force (IETF) introduziu a tecnologia MPLS.

2.2 Modo de transferência assíncrono (ATM)

A ATM é uma norma da International Telecommunication Union-Telecommunications Standards Section (ITU-T), é uma tecnologia de comutação e multiplexagem baseada em células, concebida para oferecer um suporte de transmissão flexível para uma vasta gama de serviços, incluindo voz, vídeo e dados. As redes ATM são orientadas para a ligação. Proporciona uma largura de banda escalável de alguns megabits por segundo (Mbps) a muitos gigabits por segundo (Gbps). Devido à sua natureza assíncrona, o ATM é mais eficiente do que as tecnologias síncronas, como a Multiplexação por Divisão de Tempo (TDM).

2.2.1 Formato básico da célula ATM

O ATM transfere informações em unidades de tamanho fixo denominadas células. Cada célula é constituída por 53 octetos, ou bytes. Os primeiros 5 bytes contêm informação sobre o cabeçalho da célula e os restantes 48 contêm a carga útil (informação do utilizador). As células pequenas e de comprimento fixo são adequadas para a transferência de tráfego de voz e vídeo, uma vez que esse tráfego é intolerante a atrasos resultantes da espera pelo descarregamento de um pacote de dados de grandes dimensões, entre outros factores.

2.2.2 Rede ATM

Uma rede ATM é constituída por um conjunto de comutadores ATM interligados por ligações ou interfaces ATM ponto-a-ponto. Os comutadores ATM suportam dois tipos principais de interfaces: UNI e NNI. A UNI liga sistemas finais ATM (como anfitriões e routers) a um comutador ATM. A NNI liga dois comutadores ATM.

Um cabeçalho de célula ATM pode ter um de dois formatos: UNI ou NNI. O cabeçalho UNI é utilizado para a comunicação entre pontos terminais ATM e comutadores ATM em redes ATM privadas. O cabeçalho NNI é utilizado para a comunicação entre comutadores ATM. Ao contrário do UNI, o cabeçalho NNI não inclui o campo Controlo de Fluxo Genérico (GFC). Além disso, o cabeçalho NNI tem um campo Identificador de caminho virtual (VPI) que ocupa os primeiros 12 bits, permitindo troncos maiores entre comutadores ATM públicos.

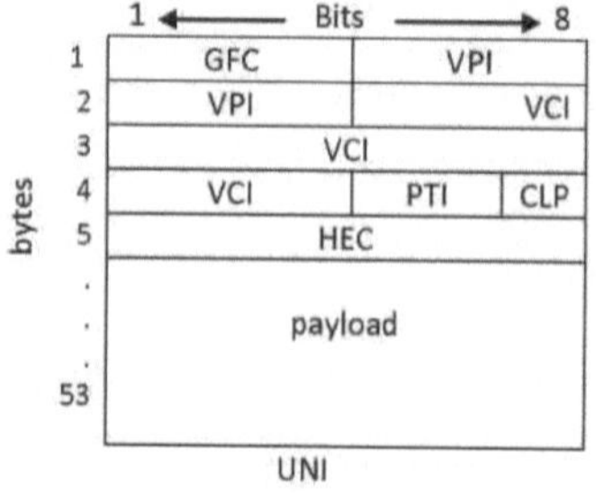

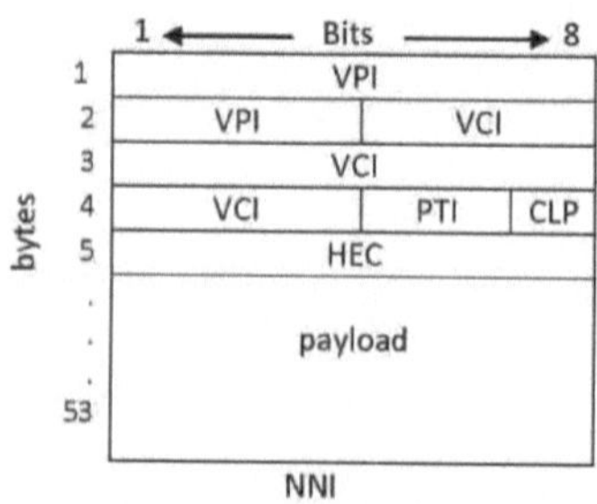

Figura 2.3 : Cabeçalhos de células ATM

As descrições que se seguem resumem os campos do cabeçalho da célula ATM ilustrados na figura 2.3:

- **Controlo de fluxo genérico (GFC):** fornece funções locais, como a identificação de várias estações que partilham uma única interface ATM. Este campo não é normalmente utilizado e é definido com o valor predefinido de 0 (binário 0000).

- **Virtual Path Identifier (VPI):** Em conjunto com o VCI, identifica o próximo destino de uma célula à medida que esta passa por uma série de comutadores ATM no caminho para o seu destino.

- **Identificador de canal virtual (VCI):** Em conjunto com o VPI, identifica o próximo destino de uma célula à medida que esta passa por uma série de comutadores ATM no caminho para o seu destino.

- **Tipo de carga útil (PT):** Indica no primeiro bit se a célula contém dados do utilizador ou dados de controlo. Se a célula contiver dados do utilizador, o bit é colocado a 0. Se contiver dados de controlo, é colocado a 1. O segundo bit indica congestionamento (0 = sem congestionamento, 1 = congestionamento) e o terceiro bit indica se a célula é a última de uma série de células que representam uma única moldura AAL5 (1 = última célula da moldura).

- **Prioridade de perda de célula (CLP):** Indica se a célula deve ser descartada se encontrar um congestionamento extremo à medida que se desloca pela rede. Se o bit CLP for igual a 1, a célula deve ser descartada de preferência às células com o bit CLP igual a 0.

- **Controlo de erros do cabeçalho (HEC):** Calcula a soma de controlo apenas nos primeiros 4 bytes do cabeçalho. O HEC pode corrigir um erro de um único bit nestes bytes, preservando assim a célula em vez de a descartar.

2.2.3 Modelo de referência ATM

A arquitetura ATM utiliza um modelo lógico para descrever a funcionalidade que suporta. A funcionalidade ATM corresponde à camada física e a parte da camada de ligação de dados do modelo de referência OSI. O modelo de referência ATM é composto pelos seguintes planos, que abrangem todas as camadas:

- **O plano do utilizador** define um conjunto de funções para a transferência de informações do utilizador entre os pontos terminais de comunicação.

*   **O plano de controlo** define as funções de controlo, como o estabelecimento de chamadas, a manutenção de chamadas e a libertação de chamadas.

*   **O plano de gestão** define as operações necessárias para controlar o fluxo de informações entre planos e camadas.

O modelo de referência ATM é composto pelos seguintes níveis:

*   **Camada física:** Análoga à camada física do modelo de referência OSI, a camada física ATM gere a transmissão dependente do meio.

*   **A camada ATM** é responsável pelo estabelecimento de ligações, pela passagem de células através da rede ATM, pela multiplexagem e desmultiplexagem de células, pela criação e extração de cabeçalhos de células e pelo controlo genérico do fluxo.

*   **Camada de adaptação ATM (AAL)** Combinada com a camada ATM, a AAL é aproximadamente análoga à camada de ligação de dados do modelo OSI. A AAL é responsável por isolar os protocolos de camadas superiores dos pormenores dos processos ATM. A camada de adaptação prepara os dados do utilizador para conversão em células e segmenta os dados em cargas úteis de células de 48 bytes.

2.2.4 Serviços ATM

O ATM é capaz de suportar uma vasta gama de serviços, incluindo voz, vídeo e dados numa única rede, pelo que o Fórum ATM classificou o serviço ATM em cinco tipos:

*   Taxa de bits constante (CBR).

*   Taxa de bits variável em tempo real (rt VBR).

*   Taxa de bits variável em tempo não real (nrt VBR).

*   Taxa de bits disponível (ABR).

*   Taxa de bits não especificada (UBR).

Cada uma destas categorias de serviço (SC) foi concebida para suportar aplicações com caraterísticas de tráfego e requisitos de QoS distintos. É permitido negociar diferentes parâmetros de QoS para cada SC. Além disso, o descritor de tráfego de ligação e os mecanismos de gestão de tráfego diferem para cada SC.

2.2.4.1 Categoria de serviço CBR

A classe de serviço (SC) Constant Bit Rate (CBR) fornece aproximadamente o serviço prestado por uma rede comutada por circuitos. A CBR destina-se a suportar aplicações em tempo real que exigem um atraso de célula, uma variação de atraso de célula e um rácio de perda de célula rigorosamente limitados. É utilizada por ligações que exigem uma taxa de bits estática disponível durante toda a duração da ligação. Os parâmetros de tráfego Peak Cell Rate (PCR) e Cell Delay Variation Tolerance (CDVT) são solicitados para este SC.

2.2.4.2 Categoria de serviço VBR

A classe de serviço Variable Bit Rate (VBR) destina-se às aplicações com tráfego intermitente, ou seja, com uma taxa de transmissão que flutua entre diferentes níveis de transmissão. Se a classe de serviço CBR fosse utilizada para este tipo de tráfego, a PCR deveria atribuir a taxa de transmissão máxima necessária e os recursos da rede seriam utilizados de forma ineficiente quando a fonte estivesse a transmitir a taxas inferiores.

No VBR SC, as fontes caracterizam o seu tráfego de modo a que o operador de rede não necessite de reservar a largura de banda para a taxa de transmissão máxima, garantindo, no entanto, um determinado rácio de perda de células (CLR).

O Fórum ATM distingue duas subcategorias de VBR: VBR em tempo real (rt-VBR) e VBR em tempo não real (nrt-VBR). A rt-VBR destina-se a aplicações em tempo real que requerem atrasos e variações de atraso rigorosamente limitados, como voz e vídeo. A nrt-VBR foi concebida para aplicações sem restrições de atraso.

2.2.4.3 A categoria de serviço UBR

O SC de taxa de bits não especificada (UBR) destina-se ao tráfego em tempo não real que não tem atrasos nem restrições de largura de banda. O objetivo do UBR é oferecer um SC económico que utilize os recursos de rede não utilizados. No entanto, a rede não garante qualquer QoS. Espera-se que as aplicações que utilizam este SC adaptem a sua taxa de transmissão aos recursos de rede variáveis no tempo numa base de extremo a extremo.

Este SC pode parecer adequado para dar apoio a outras redes de pacotes com controlo de congestionamento de extremo a extremo, como o TCP/IP. No entanto, tem-se verificado que este tipo de transmissão pode ter um desempenho fraco. A principal razão é a fragmentação dos pacotes em múltiplas células ATM. Assim, as células descartadas em comutadores congestionados podem produzir a transmissão inútil de muitos pacotes corrompidos.

2.2.4.4 A categoria de serviço ABR

A categoria de serviço de débito disponível (ABR) foi introduzida para suportar o tráfego de fontes capazes de adaptar o seu débito celular às condições variáveis da rede e à largura de banda disponível deixada pelo tráfego de débito garantido. As informações sobre os ajustamentos do débito celular são enviadas às fontes como informações de retorno através de células de controlo especiais, denominadas células de gestão de recursos (células RM). No estabelecimento da ligação, a fonte negoceia um limite superior e um limite inferior para os ajustamentos do débito das células. Estes são, respetivamente, os parâmetros de tráfego PCR e MCR. Por conseguinte, o débito mínimo de célula (MCR) é um débito garantido abaixo do qual a fonte ABR não será solicitada a reduzir o seu débito de transmissão. A fonte ABR pode negociar um MCR igual a zero.

Para as fontes que cumprem o controlo de feedback ABR, a rede compromete-se com um baixo rácio de perda de células e com uma quota-parte justa da largura de banda disponível. Não existe qualquer garantia no que respeita ao atraso ou à variação do atraso.

2.2.5 IP sobre ATM

Com o rápido crescimento das redes e aplicações baseadas no Protocolo Internet (IP), tanto nas redes privadas como nas redes públicas, é necessário considerar a possibilidade de transportar serviços IP sobre ATM no ambiente da rede pública. Para o ambiente da rede privada, o Fórum ATM especificou o Multiprotocolo sobre ATM (MPOA). O Internet Engineering Task Force (IETF) especificou o Classical IP Over ATM (C-IPOA) e o Multiprotocol Label Switching (MPLS). Para garantir que as redes públicas funcionem entre si, suportando um conjunto de serviços, e para garantir o interfuncionamento de redes públicas e privadas, é necessário recomendar a abordagem preferida para o transporte de IP sobre ATM em redes públicas.

A nova Recomendação Y.I310 da ITU-T relativa ao IP identifica os requisitos genéricos e os principais serviços IP, e determina qual a abordagem IP sobre ATM preferida para cada serviço.

As abordagens tidas em conta incluem o IPOA clássico, o MPOA e o MPLS. Os serviços IP são definidos como serviços fornecidos na camada IP e não incluem os da camada de aplicação.

Considerando os requisitos genéricos, a Y. 1310 recomenda que o MPLS seja adotado como a abordagem única preferida para as redes públicas. O MPLS suporta todos os serviços identificados. Reconhece-se que o MPLS não oferece vantagens significativas em relação ao IP Over ATM clássico corretamente concebido para o suporte do serviço Intserv. No entanto, o MPLS não oferece menos do que o IPOA clássico para o suporte do Intserv e também oferece suporte para todos os outros serviços[27,28].

Capítulo 3 Comutação de etiquetas multiprotocolo (MPLS)

Comutação de rótulos multiprotocolo
(MPLS)

3.1 Introdução

A comutação de etiquetas multiprotocolo (MPLS) está a emergir rapidamente como uma norma da Internet Engineering Task Force (IETF) destinada a aumentar a velocidade, a escalabilidade e as capacidades de fornecimento de serviços na Internet [29]. O MPLS é multiprotocolo porque pode ser aplicado com qualquer protocolo de rede da camada 3, embora quase todo o interesse esteja na sua utilização com tráfego IP. O MPLS consiste em colar IP sem ligação a redes orientadas para a ligação. É algo entre a Camada 2 e a Camada 3 que faz com que elas se encaixem melhor [30]. O MPLS utiliza a engenharia de tráfego (TE), que permite aos operadores de rede reafectar os fluxos de pacotes para obter uma distribuição coerente entre as diferentes ligações. Fazer com que o tráfego da rede se desloque em direcções específicas permite utilizar a maior parte da capacidade da rede, facilitando simultaneamente a prestação de níveis de serviço uniformes aos utilizadores [31]. O MPLS tem vindo a emergir como o protocolo do futuro pelas seguintes razões: Em primeiro lugar, é uma verdadeira "Arquitetura Multiprotocolo" que utiliza um mecanismo simples de comutação de etiquetas. Em segundo lugar, através da utilização de topologias de engenharia de tráfego de classificação, fila e programação (CQS), o MPLS é capaz de fornecer caraterísticas controláveis de qualidade de serviço (QoS). Em terceiro lugar, o MPLS fornece uma solução para a escalabilidade e permite uma flexibilidade significativa no encaminhamento. Em quarto lugar, a arquitetura orientada para a ligação e as caraterísticas de fiabilidade da QoS permitem facilmente caraterísticas de serviço extremo-a-extremo de elevada qualidade que são necessárias em aplicações como as redes privadas virtuais (VPN). Estas vantagens da rede MPLS são possíveis graças à engenharia de tráfego.

A tecnologia MPLS trabalha para resolver essas deficiências do IP, colocando rótulos nos pacotes IP e fornecendo a função de rotulagem. O MPLS não foi concebido para substituir o IP; foi concebido para acrescentar um conjunto de regras ao IP, de modo a que o tráfego possa ser classificado, marcado e policiado. O MPLS, enquanto ferramenta de engenharia de tráfego, surgiu como uma solução elegante para satisfazer os requisitos de gestão da largura de banda e de serviço das redes de base baseadas no Protocolo Internet (IP) da próxima geração [10].

3.2 Cabeçalho MPLS

Um cabeçalho MPLS de 32 bits é constituído por um campo de etiqueta de 20 bits que contém o valor real da etiqueta MPLS, um campo de classe de serviço (CoS) de 3 bits (que pode influenciar as funções de enfileiramento e de QoS aplicadas ao pacote quando este é transmitido através da rede), um campo de um bit que mostra uma pilha hierárquica de etiquetas e um campo de tempo de vida (TTL) de 8 bits que fornece a funcionalidade habitual de tempo de vida do IP, como mostra a Figura 3.1 [29,30].

Etiqueta	Classe de serviço (CoS)	S	TTL
20 bits	3 bits	1Bit	8 Bits

Figura 3.1: Cabeçalho MPLS

3.3 Arquitetura da rede MPLS

A arquitetura MPLS é uma combinação de routers MPLS ligados através de topologias em malha. Estes são:

3.3.1 Router de comutação de etiquetas

O Label Switched Router (LSR) é um dispositivo localizado algures no meio da rede MPLS. A sua responsabilidade é comutar as etiquetas para transmitir pacotes. É frequentemente conhecido como router de transmissão. Quando o LSR recebe um pacote, lê o cabeçalho do pacote e utiliza a etiqueta incluída para determinar o próximo salto. Remove a etiqueta antiga do cabeçalho do pacote, anexa uma nova etiqueta e encaminha o pacote.

3.3.2 Router de Borda de Etiquetas

O Label Edge Router (LER) está posicionado na extremidade de uma rede MPLS, como mostra a Figura 3.2. Na entrada, recebe datagramas IP, determina as etiquetas adequadas a afixar, etiqueta os pacotes e encaminha-os para o próximo salto na rede MPLS. Se um pacote se destina a sair da rede MPLS, o LER remove as etiquetas e encaminha os pacotes utilizando técnicas convencionais de encaminhamento IP.

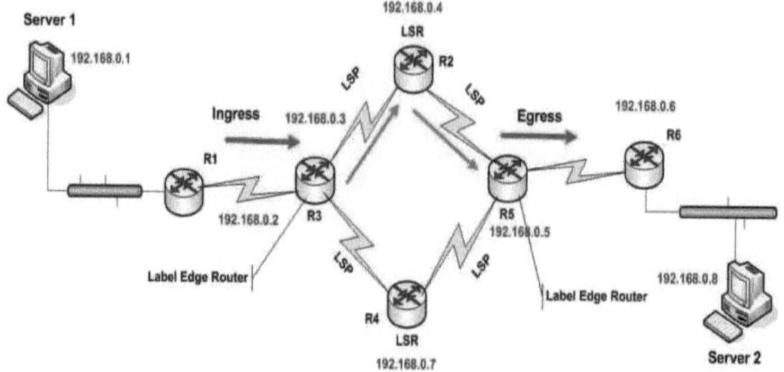

Figura 3.2: Rede MPLS

3.3.3 Caminho de comutação de etiquetas

O LSP é o caminho definido pelos protocolos de sinalização no domínio MPLS. No domínio MPLS existe uma série de LSPs que têm origem no router Ingress e atravessam um ou mais LSRs de núcleo e terminam no router Egress

3.3.4 Classe de equivalência a prazo

É considerado como o conjunto de pacotes que têm caraterísticas relacionadas e são encaminhados com a mesma prioridade no mesmo caminho. Este conjunto de pacotes está associado à mesma etiqueta MPLS. Cada pacote na rede MPLS é atribuído com FEC apenas uma vez no router de entrada [13].

3.4 Funcionalidade MPLS

A figura 3.3 mostra o router MPLS que funciona em dois blocos funcionais

1.   Plano de controlo (componente de controlo).

2.   Plano de dados (componente de encaminhamento).

O plano de controlo (componente de controlo) mantém e controla a tabela de encaminhamento através da aprendizagem da topologia da rede a partir dos protocolos de encaminhamento, como o OSPF, o IS-IS e o BGP. O plano de controlo é responsável pela construção do controlo de encaminhamento MPLS IP, actualizando as associações de etiquetas que são trocadas entre os encaminhadores. Assim, quando um pacote chega ao router, a decisão de encaminhamento é tomada pelo plano de dados (componente de encaminhamento) consultando a tabela de encaminhamento, que é mantida pelo plano de controlo. Os pacotes são então encaminhados para o nó apropriado com base na decisão de encaminhamento. A camada de controlo depende da infraestrutura IP para estabelecer ou manter os caminhos.

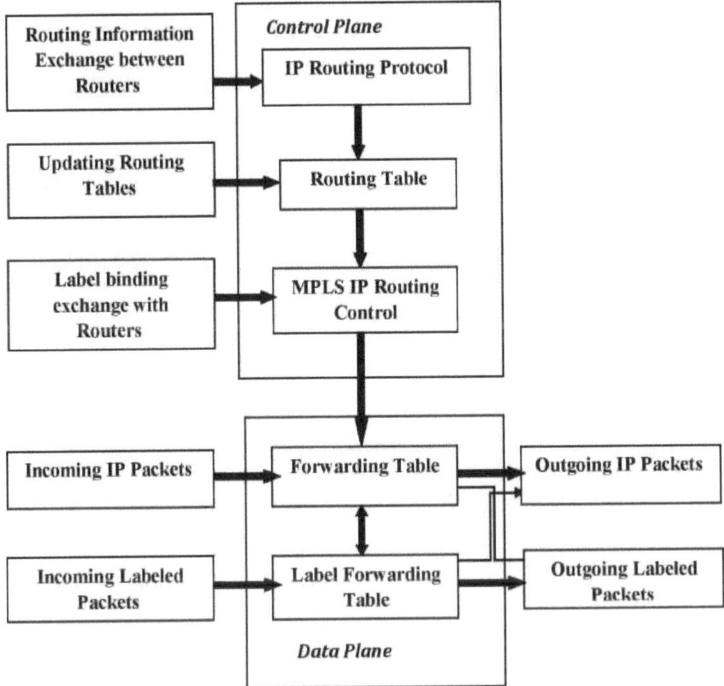

Figura 3.3: Router MPLS

No MPLS, cada encaminhador mantém uma tabela de informações de etiquetas que é utilizada para atualizar a tabela de encaminhamento. Com base nesta tabela de encaminhamento, é efectuada a decisão de encaminhamento. Nos routers MPLS, o plano de controlo e o plano de dados são

entidades separadas. Esta separação permite a implementação de um único algoritmo que é utilizado para vários serviços e tipos de tráfego [13,14].

3.5 Caraterísticas do MPLS

3.5.1 Reencaminhamento MPLS

O MPLS trata os rótulos da mesma forma que todos os outros identificadores de circuitos virtuais são tratados noutras tecnologias de comutação de circuitos virtuais. Considere um pacote IP enviado pelo host A para o host B, conforme mostrado na Figura 3.4. O pacote é encaminhado através de uma rede ou domínio MPLS entre A e B. Quando um pacote chega ao primeiro roteador MPLS (LER de entrada), os endereços IP de origem e destino do pacote são analisados e o pacote é classificado em uma classe de equivalência de encaminhamento (FEC). Todos os pacotes dentro da mesma FEC utilizam o mesmo Label Switched Path (LSP) e, em seguida, o LER de entrada insere ou empurra um cabeçalho MPLS no pacote (L1 na Fig. 3.4). Os roteadores subsequentes do domínio MPLS atualizam o cabeçalho MPLS trocando o rótulo (L1 contra L2, L2 contra L3). Finalmente, o último roteador do LSP, chamado LER de saída, remove ou retira o cabeçalho MPLS (L3 na Fig. 3.4), para que o pacote possa ser tratado por roteadores ou hosts IP subsequentes não conscientes do MPLS [32, 33].

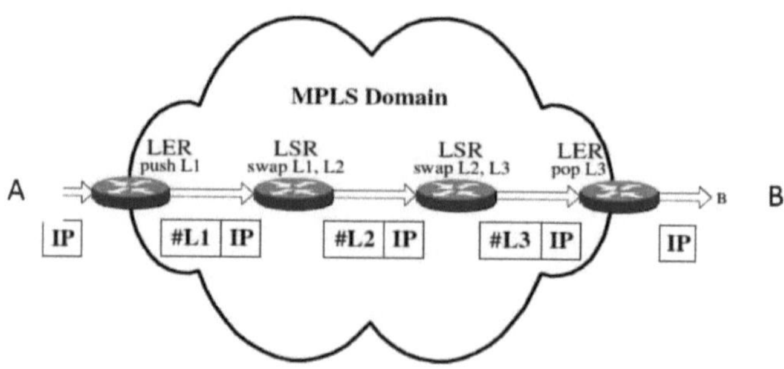

Figura 3.4: Encaminhamento MPLS

3.5.2 Reencaminhamento rápido MPLS

Dependendo do local onde é feita a reação às falhas, os mecanismos de comutação da proteção podem distinguir-se em proteção global e local. No caso da comutação de proteção global, a reação a uma falha ao longo de um caminho é executada no encaminhador de entrada do caminho. As vias de reserva são criadas em simultâneo com as vias primárias e, em caso de avaria, o tráfego é simplesmente transferido para a via de reserva correspondente no encaminhador de entrada de uma via primária avariada.

Existem dois tipos de métodos de reencaminhamento rápido MPLS (recuperação local). O método de backup um a um e o método de backup de instalações. O método de backup um a um é usado para criar LSPs de rota alternativa para cada LSP protegido em cada ponto de falha, como falha de nó ou falha de link, conforme mostrado na Figura 3.5.

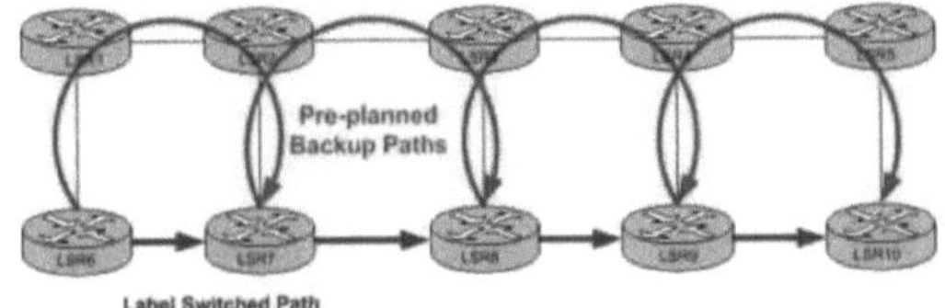

Figura 3.5: Método de cópia de segurança um para um

A falha de backup um a um é para cada LSP, que é individual. Enquanto o método de backup de instalações mostrado na Figura 3.6 gera um túnel de desvio para proteger um ponto de falha. Os LSPs que usam o recurso protegido são protegidos pelo mesmo túnel de desvio. É por isso que os métodos de backup de instalações são pré-configurados em torno de pontos de falha protegidos na rede MPLS e os túneis de desvio são pré-concebidos em sistemas que são centralizados para minimizar a capacidade de restauração da rede. Por outro lado, os métodos de backup um a um são estabelecidos ou eliminam os LSPs de backup a tempo quando os LSPs protegidos entram e saem de uma rede MPLS distribuída [31, 34, 35,36].

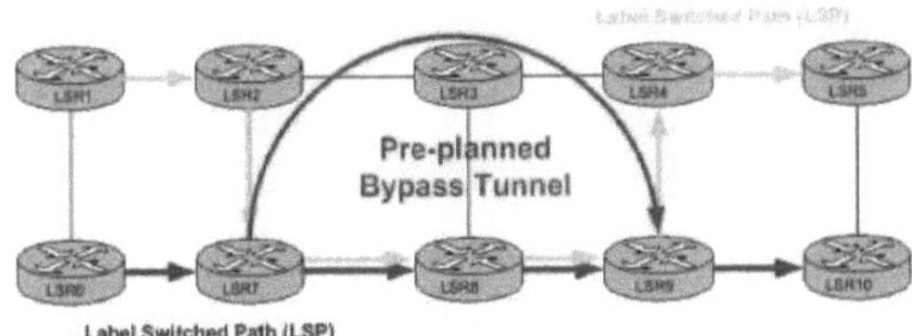

Figura 3.6: método de salvaguarda de instalações

3.5.3 Fusão

Os percursos comutados da rede MPLS assumem a forma de uma árvore multiponto a ponto. A árvore resulta da integração de percursos comutados que tem lugar num nó quando vários percursos comutados a montante para um determinado fluxo são fundidos num único percurso comutado a jusante para o fluxo. Enquanto noutras redes, como a rede ATM, a fusão nem sempre é possível, porque a maior parte do hardware ATM não é suficientemente inteligente para reunir as células de múltiplos circuitos virtuais de entrada sem o problema da intercalação [29].

3.6 Benefícios do MPLS

Esta secção descreve os possíveis benefícios do MPLS em comparação com as tecnologias IP, ATM e frame relay.

3.6.1 Estrutura de rede única

A rede MPLS adere ao LER de entrada para descrever as etiquetas dos pacotes que chegam ao LER de saída através de critérios predefinidos na infraestrutura da rede. A razão para o surgimento do IP e o domínio do deve-se ao atual desenvolvimento das tecnologias de suporte do IP. Integrando o MPLS com o IP, é possível obter um melhor transporte para a entrega de pacotes. A espinha dorsal IP da camada 3 pode implementar MPLS semelhante ao ATM e ao frame relay na camada 2. O MPLS suporta o protocolo ponto-a-ponto (PPP), IPV4 e IPV6, Ethernet e tecnologias semelhantes do nível 2. Qualquer mecanismo de transporte sobre MPLS (AToM) permite aos encaminhadores comutar o tráfego de nível 2 sem interferir com a carga útil MPLS, utilizando o mecanismo de comutação de etiquetas descrito por MPLS.

3.6.2 IP sobre MPLS

Anteriormente, o IP era utilizado como protocolo de rede de nível 3 devido à sua simplicidade. O ATM é um protocolo de nível 2 que oferece conetividade de protocolo extremo a extremo, mas tem limitações nos protocolos WAN dos ISP. O RFC 1483 implementa o IP sobre ATM para obter um encapsulamento multiprotocolo sobre o nível 5 de adaptação ATM. Esta implementação exige que o mapeamento IP e o ponto final ATM sejam configurados manualmente. Outra solução foi a implementação da emulação de LAN Ethernet de camada 2 no encaminhador de borda que liga a rede, mas esta solução tinha limitações em termos de fiabilidade e escalabilidade da rede do lado do ISP. A única solução possível consistia em tornar os comutadores ATM suficientemente inteligentes para encaminhar a tecnologia de comutação de etiquetas com o protocolo de distribuição de etiquetas e também para executar o protocolo de encaminhamento IP, o que foi possível graças à tecnologia MPLS.

3.6.3 Dependência de protocolo do fornecedor de serviços Internet (ISP)

Numa rede IP de um fornecedor de serviços Internet (ISP), o tráfego encaminhado efectua a pesquisa de endereços IP de destino no router para enviar os dados para o destino pretendido.

Se o destino for externo à rede ISP, isso significa que existe um prefixo IP externo na tabela de encaminhamento de cada router da rede ISP. O Border Gateway Protocol (BGP) é responsável pelos prefixos externos da Internet e dos clientes, pelo que todos os routers de uma rede ISP têm de depender do protocolo BGP, enquanto o MPLS efectua o encaminhamento de pacotes através da pesquisa de etiquetas associada apenas ao router de saída. Assim, a etiqueta contém informações sobre o pacote para cada encaminhador intermédio da rede, em vez do encaminhador central presente na rede ISP. Apenas o router de extremidade MPLS necessita de executar o BGP para efetuar a pesquisa do endereço IP de destino para encaminhar o pacote numa rede IP do ISP.

3.7 Engenharia de tráfego (TE)

A Engenharia de Tráfego (TE) é um mecanismo que permite otimizar a utilização dos recursos de tráfego e das ligações que não são utilizadas devido a limitações da rede e do protocolo. A tecnologia da Internet e os seus protocolos provaram ser os piores em termos de desempenho, congestionamento, utilização da largura de banda e das ligações, garantia de QoS e seleção de caminhos. O MPLS implementa o TE para controlar os fluxos de tráfego entre nós congestionados, evitar o congestionamento dos fluxos de tráfego e definir dinamicamente as rotas da rede. Quando o tráfego de dados fica congestionado nos nós, o MPLS TE gere o tráfego de dados entre os nós congestionados. O MPLS ajuda o TE a encontrar o caminho mais curto e também ajuda a utilizar caminhos não utilizados.

3.7.1 Factores importantes necessários para a ET

- Distribuição de informações sobre a topologia

- Seleção da via

- Direcionar o tráfego ao longo dos caminhos calculados

- Gestão do tráfego

Distribuição da informação sobre a topologia: É necessário um mecanismo para anunciar a informação atual sobre as ligações para os nós, de modo a que estes possam construir um mapa sobre a topologia da rede. É crucial que a informação sobre as falhas de ligações ou de nós seja rapidamente propagada através da rede, o que faz com que o problema seja resolvido rapidamente [37].

Seleção do caminho: Este processo envolve o cálculo da informação sobre o caminho entre os nós da rede. É selecionado o caminho mais curto com o mínimo de ligações. As outras restrições, como a largura de banda e o atraso, também são consideradas durante a seleção do caminho.

Direcionar o tráfego ao longo dos percursos calculados: O tráfego é encaminhado ao longo do caminho específico calculado entre o nó de origem e o nó de destino. Normalmente, isto é conseguido através de uma tabela de encaminhamento.

Gestão do tráfego: A gestão do tráfego diz respeito ao processo de encaminhamento do tráfego com uma qualidade previsível. Os parâmetros como a largura de banda, o atraso, o jitter e a perda de pacotes são a principal preocupação da gestão do tráfego.

3.7.2 Encaminhamento baseado em restrições

A motivação subjacente ao MPLS TE é o Constraint Based Routing (CBR), que tem em consideração a largura de banda, as políticas e a topologia da rede (o encaminhamento IP utiliza o OSPF, que calcula o caminho mais curto entre os nós e não se preocupa se esse caminho tem recursos suficientes) para estabelecer um caminho (caminho refere-se a LSPs) no domínio MPLS para encaminhar os pacotes.

O CBR, também designado por constrained shortest path first (CSPF), é uma extensão dos algoritmos de caminho mais curto. O CBR calcula o caminho em MPLS, com base em restrições como a quantidade mínima de largura de banda necessária numa ligação, o atraso extremo-a-extremo e a política administrativa. No CBR, a seleção do caminho baseia-se num procedimento que envolve a remoção dos caminhos que não têm largura de banda suficiente ou que não satisfazem as restrições exigidas. Só são selecionados os caminhos que satisfazem os critérios exigidos pela política administrativa e é aplicado um algoritmo do caminho mais curto a esses caminhos para encontrar o caminho mais curto entre o encaminhador de entrada e o encaminhador de saída na rede MPLS. O caminho dado pelo encaminhamento CBR pode ser um caminho mais longo mas pouco carregado, o que é melhor do que um caminho mais curto muito carregado [37]. O CBR é amplamente utilizado no MPLS TE para distribuir o tráfego de forma homogénea e aumentar o desempenho da rede.

3.7.3 Congestionamento de ligações

O principal problema do encaminhamento IP convencional é como calcular os melhores caminhos IGP. Muitos desses caminhos podem estar sobreutilizados. Além disso, os caminhos alternativos permanecem frequentemente subutilizados ou, por vezes, nem sequer são utilizados [38]. A Figura 3.7 ilustra este mecanismo. O link F-E-D-B não é usado para encaminhar o tráfego de G para A. A partir desta figura, pode-se notar que o tráfego segue o caminho mais curto para chegar ao destino via F-C-B devido ao menor número de saltos [39]. O MPLS TE resolve este problema através da utilização de CBR, sendo escolhido o caminho mais longo, mas pouco carregado. Além disso, o FEC pode ser utilizado para forçar as aplicações sem tempo crítico a seguirem o caminho mais longo, enquanto as aplicações com tempo crítico deixam de utilizar o caminho mais curto, o que optimiza a utilização dos recursos da rede.

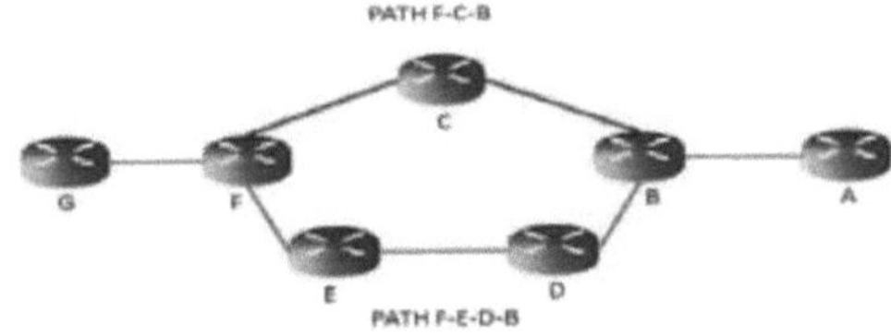

Figura 3.7: Ligação sobreutilizada

3.8 Distribuição de etiquetas

Para que os LSPs possam ser usados, as tabelas de encaminhamento em cada LSR devem ser preenchidas com os mapeamentos de {interface de entrada, valor do rótulo} para {interface de saída, valor do rótulo}. Esse processo é chamado de configuração de LSP ou distribuição de rótulos.

3.8.1 Protocolos de distribuição de etiquetas

Os protocolos de distribuição de etiquetas criam e mantêm as ligações etiqueta-FEC ao longo de um LSP, do router de entrada ao router de saída. Um protocolo de distribuição de rótulos é um conjunto de procedimentos através dos quais um LSR informa um LSR par sobre o significado dos rótulos utilizados para encaminhar o tráfego entre eles. Permite que cada par conheça os mapeamentos de etiquetas do outro par. O protocolo de distribuição de rótulos fornece as informações que o MPLS usa para criar as tabelas de encaminhamento em cada LSR no domínio MPLS. Os protocolos de distribuição de rótulos são às vezes chamados de protocolos de sinalização. No entanto, a distribuição de rótulos é uma descrição mais exacta da sua função.

Existem atualmente dois protocolos de distribuição de etiquetas que fornecem suporte para a engenharia de tráfego: Resource ReSerVation Protocol (RSVP) e Constraintbased Routed Label Distribution Protocol (CR-LDP).

3.8.2 Protocolo de distribuição de etiquetas baseado em restrições (CR-LDP)

O CR-LDP é um conjunto de extensões do LDP especificamente concebido para facilitar o encaminhamento de LSPs com base em restrições. Como o LDP, ele usa sessões TCP entre pares LSR e envia mensagens de distribuição de rótulos ao longo das sessões. Isto permite-lhe assumir uma distribuição fiável das mensagens de controlo. O fluxo básico para a configuração de LSPs usando CR-LDP é mostrado a seguir.

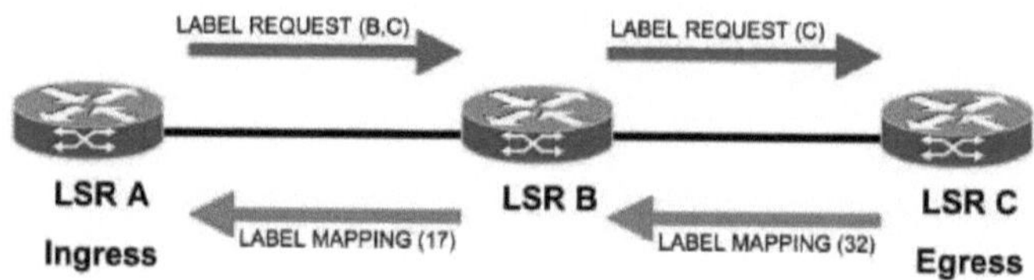

Figura 3.8: Configuração do LSP usando CR-LDP

* O LSR de entrada, LSR A, determina que precisa configurar um novo LSP para o LSR C. Os parâmetros de tráfego necessários para a sessão ou as políticas administrativas da rede permitem que o LSR A determine que a rota para o novo LSP deve passar pelo LSR B, que pode não ser a mesma que a rota hop-by-hop para o LSR C. O LSR A constrói uma mensagem **LABEL_REQUEST** com uma rota explícita de (B,C) e detalhes dos parâmetros de tráfego solicitados para a nova rota. O LSR A reserva os recursos necessários para o novo LSP e, em seguida, encaminha o LABEL_REQUEST para o LSR B na sessão TCP.

* O LSR B recebe a mensagem LABEL_REQUEST, determina que não é o egresso para este LSP e encaminha a solicitação ao longo da rota especificada na mensagem. Ele reserva os recursos solicitados para o novo LSP, modifica a rota explícita na mensagem LABEL_REQUEST e passa a mensagem para o LSR C. Se necessário, o LSR B pode reduzir a reserva que faz para o novo LSP se os parâmetros apropriados foram marcados como negociáveis no LABEL_REQUEST.

* O LSR C determina que é o egresso para este novo LSP. Ele realiza qualquer negociação

final sobre os recursos e faz a reserva para o LSP.

Atribui uma etiqueta ao novo LSP e distribui a etiqueta ao LSR B numa mensagem LABEL_MAPPING, que contém pormenores sobre os parâmetros de tráfego finais reservados para o LSP.

*   O LSR B recebe o LABEL_MAPPING e faz a correspondência com o pedido original usando o LSP ID contido nas mensagens LABEL_REQUEST e LABEL_MAPPING.

*   O processamento no LSR A é semelhante, mas ele não precisa alocar um rótulo e encaminhá-lo para um LSR upstream porque ele é o LSR de entrada para o novo LSP.

3.8.3 Protocolo de atribuição de recursos

O RSVP genérico utiliza uma troca de mensagens para reservar recursos numa rede para fluxos IP. As Extensões ao RSVP para túneis LSP melhoram o RSVP genérico para que possa ser utilizado para distribuir etiquetas MPLS.

O RSVP é um protocolo separado ao nível do IP. Utiliza datagramas IP (ou UDP nas margens da rede) para comunicar entre pares LSR. Não requer a manutenção de sessões TCP, mas, como consequência, tem de lidar com a perda de mensagens de controlo. O fluxo básico para configurar um LSP usando RSVP para túneis LSP é mostrado na Fig.3 abaixo.

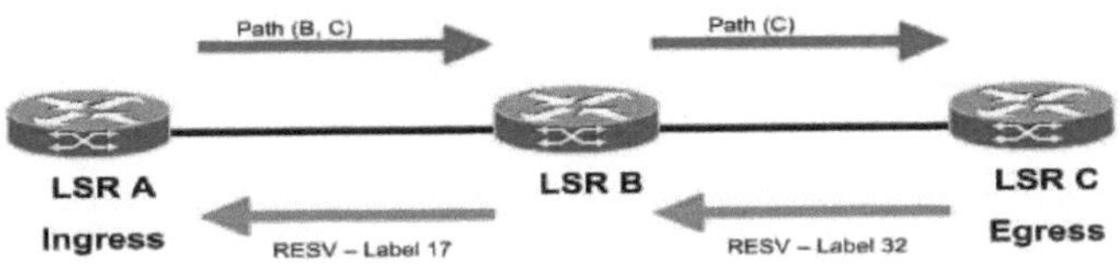

Figura 3.9: Configuração do fluxo RSVP

*   O LSR de entrada, LSR A, determina que precisa configurar um novo LSP para o LSR C. Os parâmetros de tráfego exigidos para a sessão ou as políticas administrativas da rede permitem que o LSR A determine que a rota para o novo LSP deve passar pelo LSR B, que pode não ser a mesma que a rota hop-by-hop para o LSR C. O LSR A constrói uma mensagem Path com uma rota explícita de (B, C) e detalhes dos parâmetros de tráfego solicitados para a nova rota. O LSR A encaminha então o Path para o LSR B como um datagrama IP.

*   O LSR B recebe a solicitação de caminho, determina que não é o egresso para este LSP e encaminha a solicitação ao longo da rota especificada na solicitação. Ele modifica a rota

explícita na mensagem Path e passa a mensagem para o LSR C.

• O LSR C determina que é o egresso para este novo LSP, determina, a partir dos parâmetros de tráfego solicitados, qual a largura de banda que precisa de reservar e atribui os recursos necessários. Ele seleciona um rótulo para o novo LSP e distribui o rótulo para o LSR B em uma mensagem Resv, que também contém detalhes reais da reserva necessária para o LSP.

• O LSR B recebe a mensagem Resv e faz a correspondência com a solicitação original usando a ID do LSP contida nas mensagens Path e Resv. Ele determina quais recursos reservar a partir dos detalhes na mensagem Resv, aloca um rótulo para o LSP, configura a tabela de encaminhamento e passa o novo rótulo para o LSR A em uma mensagem Resv.

• O processamento no LSR A é semelhante, mas ele não precisa alocar um novo rótulo e encaminhá-lo para um LSR upstream porque ele é o LSR de entrada para o novo LSP.

3.8.4 Comparação entre RSVP e CR-LDP

As principais diferenças entre o CR-LDP e o RSVP são a fiabilidade do protocolo de transporte subjacente e o facto de as reservas de recursos serem efectuadas no sentido direto ou inverso. A partir desses pontos, surgem muitas das outras diferenças funcionais.

• O RSVP é o protocolo de estado suave. Requer a atualização periódica das mensagens Path e Resv para manter o estado em todos os LSRs ao longo do CR-LSP. O tráfego de sinalização (mensagens Path e Resv) aumenta à medida que o número de CR-LSPs aumenta na rede MPLS. Por esse motivo, o RSVP oferece baixa escalabilidade na rede MPLS. Em contrapartida, o CR-LDP oferece melhor escalabilidade. É um protocolo de estado rígido e estabelece o CR-LSP com base em mensagens de pedido de etiquetas e de mapeamento de etiquetas. Uma vez estabelecido o CR-LSP, ele não será desfeito até que um pedido específico seja feito.

• O CR-LDP utiliza o TCP para transportar as suas mensagens de sinalização. Quando ocorre uma falha, a mensagem de erro é enviada utilizando um mecanismo de transporte fiável que garante uma notificação rápida da falha. Já o RSVP não garante uma notificação rápida de falhas, porque o RSVP não dispõe de uma infraestrutura de transporte fiável.

Capítulo 4 Aplicações multimédia

Aplicações multimédia

4.1 Introdução

Tornar as aplicações multimédia acessíveis a todos os utilizadores do mundo é a principal motivação para a conceção das redes da próxima geração. Por aplicações multimédia entende-se voz, gráficos, imagens e vídeo. O tráfego multimédia é comprimido e distribuído em pacotes de forma especial, de modo a que a taxa de bits seja aproximadamente adequada.

No entanto, para o transporte de multimédia comprimido, as velocidades mais baixas das redes de acesso são extremamente limitadoras e as limitações de desempenho manifestam-se através de tempos de descarregamento lentos para as imagens, taxas de fotogramas mais baixas para o vídeo e, eventualmente, erros visíveis nos pacotes de voz e de vídeo. Assim, os utilizadores passam a utilizar os débitos de rede mais elevados, mas a conetividade a débitos mais elevados nas redes de acesso aumenta a pressão sobre as redes de base ou os servidores a que se acede para que acompanhem o ritmo. Assim, apesar de um utilizador ter uma maior largura de banda na rede de acesso, as perdas de pacotes e os atrasos podem resultar do desempenho da rede de base.

A rede de backbone pode consistir numa ligação física comutada por circuitos, num caminho virtual dedicado através de uma rede comutada por pacotes ou numa ligação TCP/IP (Transmission Control Protocol/Internet Protocol) normalizada de melhor esforço, entre outras possibilidades. Assim, esta rede tem caraterísticas como largura de banda, latência, jitter e perda de pacotes, e pode ou não ter a possibilidade de garantias de qualidade de serviço (QoS). A rede de entrega pode ter o mesmo conjunto geral de caraterísticas que a rede de acesso ou, numa transmissão um-para-muitos, a rede de entrega pode ser uma intranet da empresa. Por último, o terminal de destino pode ter capacidades variáveis em termos de potência, mobilidade, ecrã ou voz.

Neste capítulo, é analisada a transmissão de informação multimédia através de redes.

4.2 Aplicações de voz e vídeo

A Internet contém uma grande variedade de aplicações multimédia interessantes, três classes das quais são definidas a seguir.

4.2.1 Transmissão em fluxo contínuo de voz ou vídeo armazenados

Nesta classe de aplicações, os clientes solicitam ficheiros de voz ou vídeo comprimidos a pedido, que são armazenados em servidores. No caso da voz, estes ficheiros podem conter as palestras de um professor, sinfonias, arquivos de emissões de rádio famosas, bem como gravações históricas de arquivo. Para o vídeo, estes ficheiros podem conter vídeos de palestras de professores, filmes completos, programas de televisão pré-gravados, documentários e arquivos de vídeo de eventos históricos. Em qualquer altura, uma máquina cliente pode pedir um ficheiro de voz/vídeo a um servidor. Na maioria das aplicações de voz/vídeo armazenadas existentes, após um atraso de alguns segundos, o cliente começa a reproduzir o ficheiro de voz enquanto continua a receber o ficheiro do servidor. A função de reprodução de voz ou vídeo enquanto o ficheiro está a ser recebido é designada por fluxo contínuo. Muitos dos produtos existentes também permitem a interatividade do utilizador, por exemplo, pausa/retoma e saltos temporais para o futuro e o passado do ficheiro de voz. O atraso entre o momento em que o utilizador faz um pedido (por exemplo, pedir para ouvir um ficheiro de voz ou saltar dois minutos para a frente) e o momento em que a ação se manifesta no anfitrião do utilizador (por exemplo, o utilizador começa a ouvir o ficheiro de voz) deve ser da ordem de 1 a 10 segundos para uma capacidade de resposta aceitável. Os requisitos relativos ao atraso e à instabilidade dos pacotes não são tão rigorosos como os das aplicações em tempo real, como a telefonia via Internet e as videoconferências em tempo real. Existem muitos produtos de fluxo contínuo para voz/vídeo armazenados, incluindo o RealPlayer da Real Networks e o NetShow da Microsoft.

4.2.2 Streaming de voz ou vídeo em tempo real

Esta classe de aplicações é semelhante à transmissão normal de rádio e televisão, mas a transmissão é feita através da Internet. Estas aplicações permitem que um utilizador receba uma transmissão de rádio ou televisão emitida de qualquer parte do mundo. Esta classe de aplicações é não-interactiva, um cliente não pode controlar o horário de transmissão de um servidor. Tal como acontece com o fluxo contínuo de multimédia armazenado, os requisitos relativos ao atraso e à instabilidade dos pacotes não são tão rigorosos como os da telefonia na Internet e das videoconferências em tempo real.

Podem ser tolerados atrasos de até dezenas de segundos entre o momento em que o utilizador clica numa ligação e o início da reprodução de voz/vídeo. A distribuição da voz/vídeo em tempo real para muitos receptores é realizada de forma eficiente com multicast. No entanto, até ao momento da redação deste documento, a maioria das transmissões de voz/vídeo de um para muitos na Internet é realizada com fluxos unicast separados para cada um dos receptores.

4.2.3 Voz ou vídeo interativo em tempo real

Esta classe de aplicações permite que as pessoas utilizem voz/vídeo para comunicarem entre si em tempo real. A voz interactiva em tempo real é frequentemente designada por telefone Internet, dado que, na perspetiva do utilizador do , é semelhante ao serviço telefónico tradicional comutado por circuitos. O telefone via Internet pode potencialmente fornecer um serviço telefónico de central telefónica privada (PBX), local e de longa distância a um custo muito baixo. Pode também facilitar a integração computador-telefone (a chamada CTI), a comunicação em grupo em tempo real, os serviços de listas telefónicas, a identificação de chamadas, a filtragem de chamadas, etc. Atualmente, estão disponíveis muitos produtos telefónicos via Internet. Com o vídeo interativo em tempo real, também designado por videoconferência, as pessoas comunicam visualmente e oralmente. Durante uma reunião de grupo, um utilizador pode abrir uma janela para cada participante que esteja interessado em ver. Existem também muitos produtos de vídeo interativo em tempo real atualmente disponíveis para a Internet, incluindo o Net Meeting da Microsoft. Note-se que numa aplicação de voz/vídeo interactiva em tempo real, um utilizador pode falar ou mover-se a qualquer momento. O atraso entre o momento em que o utilizador fala ou se move e o momento em que a ação se manifesta nos hospedeiros receptores deve ser inferior a algumas centenas de milissegundos. No caso da voz, os atrasos inferiores a 150 milissegundos não são perceptíveis por um ouvinte humano, os atrasos entre 150 e 400 milissegundos podem ser aceitáveis e os atrasos superiores a 400 milissegundos são frustrantes se as conversas de voz não forem completamente ininteligíveis.

A voz e o vídeo em tempo real de um para muitos não são interactivos - um utilizador não pode fazer uma pausa ou rebobinar uma transmissão que centenas de outros ouvem [40, 41].

4.3 Compressão de voz e vídeo

Antes que a voz e o vídeo possam ser transmitidos por uma rede de computadores, eles precisam ser digitalizados e compactados. A necessidade de digitalização é óbvia: as redes de computadores transmitem bits, portanto, todas as informações transmitidas devem ser representadas como uma seqüência de bits. A compressão é importante porque a voz e o vídeo não comprimidos consomem uma enorme quantidade de armazenamento e largura de banda. A eliminação das redundâncias inerentes aos sinais de voz e vídeo digitalizados pode reduzir em ordens de grandeza a quantidade de dados que precisam de ser armazenados e transmitidos.

4.3.1 Compressão de voz

Um sinal de voz analógico de variação contínua (que pode emanar de voz ou música) é normalmente convertido num sinal digital da seguinte forma:

1.   O sinal de voz analógico é primeiro amostrado a uma taxa fixa, por exemplo, a 8.000 amostras por segundo. A magnitude de cada amostra é um número real arbitrário.

2.   Cada uma das amostras é então "arredondada" para um de um número finito de valores. Esta operação é designada por "quantização". O número de valores finitos - chamados valores de quantização - é tipicamente uma potência de 2, por exemplo, 256 níveis de quantização.

3.   Cada um dos níveis de quantização é representado por um número fixo de bits (código). Por exemplo, se existirem 256 valores de quantização, então cada valor - e, por conseguinte, cada amostra - é representado por 1 byte. Cada uma das amostras é convertida na sua representação em bits. As representações em bits de todas as amostras são concatenadas para formar a representação digital do sinal.

Como exemplo, se um sinal de voz analógico for amostrado a 8.000 amostras por segundo, cada amostra é quantizada e representada por 8 bits, e então o sinal digital resultante terá uma taxa de 64.000 bits por segundo. Este sinal digital pode então ser convertido de volta, ou seja, descodificado - para um sinal analógico para reprodução.

No entanto, o sinal analógico descodificado é tipicamente diferente do sinal de voz original. Ao aumentar a taxa de amostragem e o número de níveis de quantização, o sinal descodificado pode aproximar-se bem do sinal analógico original. Assim, existe uma clara relação de compromisso entre a qualidade do sinal descodificado e os requisitos de armazenamento e largura de banda do sinal digital [41].

4.3.1.1 Codificação de voz

Um codec é um dispositivo que codifica ou descodifica um sinal. Uma vez que as amostras de voz são altamente redundantes, vários codecs criaram os seus próprios esquemas de compressão para produzir uma voz de boa qualidade com uma utilização eficiente da largura de banda.

Os algoritmos de codificação de voz envolvem a avaliação da qualidade e inteligibilidade da voz utilizando medidas subjectivas, como o Mean Opinion Score (MOS). O MOS é bastante comum nos testes de normalização e consiste em classificar a voz de acordo com uma escala de qualidade de cinco níveis. Ou seja, a MOS relaciona a qualidade da voz da seguinte forma: uma MOS de 4-4.5 implica qualidade de rede ou de portagem, pontuações entre 3.5 e 4 implicam qualidade de comunicações (grau celular), e uma MOS entre 2.5 e 3.5 implica qualidade sintética [41]:

Qualidade subjectiva	MOS
Excelente	5
Bom	4
Justo	3
Pobres	2
Mau	1

Tabela 4.1 : Classificação MOS

5: excelente qualidade, sem deficiências visíveis.

4: boa qualidade, apenas deficiências muito ligeiras.

3: qualidade razoável, deficiências perceptíveis mas aceitáveis.

2: má qualidade, fortes deficiências.

1: má qualidade, voz muito degradada.

O G.711 tem um MOS de 4,3 e é frequentemente utilizado como referência em estudos comparativos. Vários dos novos algoritmos de uso geral, como o ITU G.729 de 8 kbit/s, também alcançam boa qualidade [41].

Os codecs de voz podem ser classificados em duas classes: codec de forma de onda e codec de fonte. O primeiro é utilizado com taxas de bits elevadas e com uma qualidade de voz muito boa, enquanto o segundo funciona com taxas de bits muito baixas e com uma qualidade de voz "sintética" [42, 43].

4.3.1.1.1 Codecs de forma de onda

G.711 a forma mais simples de codificação da forma de onda, também conhecida como modulação por código de impulsos (PCM), se for utilizada uma quantização linear, são necessárias amostras de 12 bits para produzir um discurso de boa qualidade, o que dá uma taxa de bits de 96 kbps. No entanto, esta taxa de bits pode ser reduzida através de uma quantização não uniforme, com 8 bits utilizados para representar cada amostra, o que resulta numa taxa de 64 kbps, semelhante à de uma linha telefónica digital. Existem duas versões ligeiramente diferentes: a lei µ, que é utilizada principalmente na América do Norte, e a lei A, que é utilizada na maioria dos outros países fora da América do Norte. A lei A do G.711 proporciona mais níveis de quantização a níveis de sinal mais baixos [43].

A G.726 é uma norma de codec de voz ADPCM (Adaptive Differential Pulse Code Modulation) da ITU-T que abrange a transmissão de voz com débitos de 16, 24, 32 e 40 kbit/s. Foi introduzida para substituir a G.721, que abrange o ADPCM a 32 kbit/s, e a G.723, que abrange o ADPCM a 24 e 40 kbit/s. A G.726 também introduziu uma nova taxa de 16 kbit/s. Os quatro débitos de bits associados à G.726 são frequentemente referidos pela dimensão de bits de uma amostra, que são, respetivamente, 2 bits, 3 bits, 4 bits e 5 bits.

Uma técnica comummente utilizada na codificação da fala consiste em prever o valor da amostra seguinte com base nos valores das amostras anteriores. Se as previsões forem eficazes, o erro entre a amostra prevista e a amostra real da fala será pequeno, e este sinal de erro pode ser quantizado utilizando menos bits do que a amostra real da fala. Esta é a base dos codecs (ADPCM), que reduzem ainda mais a taxa de bits diminuindo o erro através de preditores e quantizadores adaptativos para corresponder às caraterísticas variáveis do discurso que está a ser codificado. No descodificador, o sinal de erro do preditor é adicionado à amostra quantizada para reconstruir a amostra de fala [42].

4.3.1.1.2 Codecs de origem

Os codificadores de origem da fala são também designados por codificadores de voz (vocoders). Eles contêm os modelos de como a fala humana é gerada. O filtro de síntese num vocoder tem a função da garganta e da boca. Os vectores de excitação, que contêm os parâmetros dos modelos de fala, são aplicados ao filtro para gerar os sinais de fala desejados. As amostras de fala são armazenadas em quadros de 10 a 30 milissegundos (ms), dependendo do tipo de codec de origem utilizado. O codificador analisará e extrairá o vetor de excitação do modelo CELP (Code Excited Linear Prediction) adequado para estes fotogramas. A abordagem para determinar estes vectores de excitação é designada por técnica de análise por síntese, em que o codificador procura no livro de receitas de excitação o vetor que produz a melhor correspondência entre o sinal sintetizado e o sinal de fala original. Os vectores de excitação são então codificados e transmitidos ao descodificador, onde são aplicados ao filtro para reconstruir o sinal de fala.

O G.729 Conjugate Structure Algebraic CELP (CS-ACELP) é outro tipo comum de codec fonte, que opera com quadros de fala de 10 ms. A vantagem deste tipo de codec é que é capaz de produzir fala de alta qualidade a uma baixa taxa de bits de 8 kbps, enquanto a principal desvantagem é a complexidade computacional no algoritmo de pesquisa do vetor de excitação. Além disso, a determinação dos vectores de excitação exige um atraso adicional de 5 ms, o que dá um atraso total de processamento de 15 ms para o primeiro pacote de voz.

O G.728 Low Delay CELP (LD-CELP), em vez de armazenar em buffer 10 ms de quadros de fala como no CS-CELP, determina os vectores de excitação incorporando os sinais de fala reconstruídos no passado. Assim, este codec requer apenas um comprimento de quadro de 5 amostras, o que lhe confere um atraso de processamento inferior a 2 ms. No entanto, a compensação para este baixo atraso vem de uma taxa de bits mais elevada de 16 kbps para produzir uma fala de boa qualidade.

O G.723.1 é um novo codificador de fonte de taxa dupla, que utiliza quadros de fala de 30 ms e codifica as amostras de fala utilizando a técnica de análise preditiva linear por síntese. O codificador utiliza vectores de excitação Multi-Pulse Maximum Likelihood Quantizer (MP-MLQ) para uma taxa mais elevada de 6,3 kbps, e vectores de excitação Algebraic CELP (ACELP) para uma taxa mais baixa de 5,3 kbps. Para além disso, este codec requer um atraso adicional de 7,5 ms, o que lhe confere um atraso total de processamento de 37,5 ms para o primeiro pacote de voz[44]. A Tabela 4.2 apresenta um resumo de alguns codecs de voz famosos.

Padrão	Taxa de bits	Tamanho da moldura/visualização	Complexidade
G.711 PCM	64 kb/s	0/0	0 MIPS
G.729 CS-ACELP	8 kb/s	10/5 ms	20 MIPS
G.723.1 MPC-MLQ	5,3 e 6,4 kb/s	30/7,5ms	16 MIPS
G.729 CS-ACELP Anexo A	8 kb/s	10/5 ms	11 MIPS

Quadro 4.2: Norma do codec de voz

4.3.2 Compressão de vídeo

Uma vez que o vídeo bruto consome uma grande quantidade de largura de banda, a compressão é normalmente utilizada para obter eficiência na transmissão [45]. Um vídeo é uma sequência de imagens, em que cada imagem é normalmente exibida a uma velocidade constante, por exemplo, 25 ou 30 imagens por segundo. Uma imagem não comprimida, codificada digitalmente, consiste numa matriz de pixels, com cada pixel codificado num número de bits para representar a luminância e a cor. Existem dois tipos de redundância no vídeo, ambos os quais podem ser explorados para compressão. A redundância espacial é a redundância dentro de uma determinada imagem. Por exemplo, uma imagem que consiste principalmente de espaço em branco pode ser compactada com eficiência. A redundância temporal reflecte a repetição de imagem para imagem subsequente. Se, por exemplo, uma imagem e a imagem subsequente forem exatamente iguais, não há razão para codificar a imagem subsequente; é mais eficiente indicar simplesmente, durante a codificação, que a imagem subsequente é exatamente igual.

As normas de compressão MPEG estão entre as técnicas de compressão mais populares. Estas incluem MPEG 1 para vídeo com qualidade de CD-ROM (1,5 Mbps), MPEG2 para vídeo DVD de alta qualidade (3-6 Mbps) e MPEG 4 para compressão de vídeo orientada para objectos. A norma MPEG baseia-se em grande medida na norma JPEG para a compressão de imagens. As normas de compressão de vídeo H.261 são também muito populares na Internet, bem como numerosas normas exclusivas [41].

4.3.2.1 Normas de codificação de vídeo

A norma ITU-T **H.261** é definida pela ITU-T para aplicações de videotelefonia e videoconferência [46]. O H.261 enfatiza as baixas taxas de bits e o baixo atraso de codificação. O algoritmo de codificação utilizado na norma H.261 é basicamente um híbrido de compensação de movimento para remover a redundância temporal e de codificação de transformação para reduzir a redundância espacial. Esta estrutura constitui a base de todas as normas de codificação de vídeo que foram desenvolvidas posteriormente. Por conseguinte, o H.261 tem uma influência muito significativa em muitas outras normas de codificação vídeo existentes e em evolução. A norma H.261 foi concebida para a videotelefonia e a videoconferência, em que o material de origem típico é composto por cenas de pessoas a falar, as chamadas sequências de cabeça e ombros, em vez de programas de televisão gerais que contêm muitos movimentos e mudanças de cena. No que respeita à compressão de dados de vídeo, esta baseia-se normalmente em dois princípios: a redução da redundância espacial e a redução da redundância temporal. O H.261 utiliza a Transformada Discreta de Cosseno (DCT) para remover a redundância espacial e a compensação de movimento para remover a redundância temporal [47].

A norma H.263 é um codec de vídeo de baixa taxa de bits para fins gerais, baseado nas mesmas técnicas de DCT e de compensação de movimento que o H.261 e destinado ao mesmo conjunto de aplicações. O H.263 é o resultado de muitas pequenas melhorias incrementais nas técnicas utilizadas no H.261, que, em conjunto, resultam numa grande melhoria da qualidade de vídeo. Com as baixas taxas de bits de vídeo típicas do funcionamento do H.324 em modems V34 (10-20 Kbit/s de sinal de vídeo), a qualidade de vídeo do H.263 é considerada equivalente à do H.261 com até o dobro da taxa de bits, embora a diferença seja menor com as taxas de bits mais elevadas utilizadas pelo H.320 e H.323. Prevê-se que o H.263 venha a substituir gradualmente o H.261 em todas as aplicações [38, 41, 42].

4.4 Voz sobre IP (VoIP)

A VoIP é uma tecnologia de comunicação de voz através de redes IP (Internet Protocol) e não através da tradicional rede telefónica pública comutada (PSTN) [1]. A voz é convertida em pacotes, comprimida para maior eficiência e depois transferida para a ligação. O processo é invertido no outro lado da ligação. Os protocolos que transportam sinais de voz através das redes IP são designados por protocolos VoIP [48].

4.4.1 Protocolos VoIP

Há uma série de protocolos que podem ser utilizados para fornecer serviços de comunicação VoIP. Nesta secção, serão focados os protocolos que são mais comuns à maioria dos dispositivos implantados e a serem implantados atualmente.

4.4.1.1 Protocolos de transporte

Existem dois tipos de protocolo de transporte: Protocolo de Controlo de Transmissão (TCP) e Protocolo de Datagrama do Utilizador (UDP). O primeiro é um protocolo orientado para a ligação, em que é estabelecido um caminho antes da transmissão efectiva dos dados. Além disso, o TCP também oferece capacidades de deteção de erros e de reordenação de pacotes para proporcionar um transporte fiável de pacotes[42]. É adequado para aplicações não em tempo real que exigem uma entrega garantida dos dados [49]. Por outro lado, o UDP é um protocolo sem ligação. Não fornece qualquer ordenação de pacotes nem transmissão fiável de dados. À primeira vista, parece que o TCP é um protocolo muito melhor para ser usado, mas o UDP é escolhido porque o TCP é demasiado pesado para a transmissão de voz. Por exemplo, as aplicações em tempo real não requerem a capacidade de retransmissão do TCP porque qualquer pacote perdido não será processado.

4.4.1.2 Protocolo de transporte em tempo real (RTP)

O protocolo de transporte em tempo real (RTP) é um protocolo a nível de aplicação para a entrega de dados em tempo real (por exemplo, áudio e vídeo) através da rede. O RTP é composto por duas partes: dados e controlo. Especificamente, a parte de dados chama-se RTP e é utilizada para a entrega de dados em tempo real de extremo a extremo. A parte de controlo é designada por Real-Time Transport Control Protocol (RTCP) e é utilizada para monitorizar a entrega de dados e fornecer uma funcionalidade mínima de controlo e identificação [50]. A Figura 4.1 mostra um pacote VoIP que utiliza o RTP e cujo cabeçalho contém informações temporais que permitem ao recetor colocar os pacotes de voz de entrada na memória intermédia de desvios pela ordem correta. Isto é feito para remover as variações temporais dos pacotes de voz e reconstruir o fluxo de voz original. O RTP não fornece qualquer mecanismo para assegurar garantias de atraso ou de QoS, mas depende dos serviços de camada inferior, como o MPLS, para efetuar essas operações.

Cabeçalho IP	Cabeçalho UDP	Cabeçalho RTP	Carga útil de voz

Figura 4.1 : Pacote VoIP

4.4.1.3 Protocolos de sessão ou de sinalização

O principal objetivo dos protocolos VoIP é iniciar e manter as ligações de comunicação entre os pontos terminais. Ao realizar esta tarefa, estes protocolos são conhecidos como protocolos de sessão VoIP ou protocolos de sinalização VoIP. O principal fator de diferenciação entre estes protocolos de sinalização é a forma como foram concebidos para lidar com os diferentes tipos de caminhos de chamada [51]. Para além de , que fabricante suporta que norma. Nesta secção, serão explicados dois protocolos de sinalização principais.

4.4.1.3.1 Protocolo de Iniciação de Sessão (SIP)

O Protocolo de Iniciação de Sessão (SIP) é um protocolo de sinalização da camada de aplicação de uso geral utilizado para criar, modificar e terminar sessões multimédia (por exemplo, chamadas VoIP) entre pontos terminais da Internet. Especificamente, o SIP fornece as seguintes funcionalidades para estabelecer e terminar sessões de comunicação: (1) localização do utilizador; (2) disponibilidade do utilizador; (3) capacidade do utilizador; (4) configuração da sessão; e (5) gestão da sessão. Embora o SIP possa ser utilizado para estabelecer uma série de comunicações multimédia diferentes, como videoconferências e mensagens instantâneas, esta secção descreve apenas a forma como o SIP estabelece comunicações VoIP.

O SIP define várias entidades: agente do utilizador (UA), servidor proxy, servidor de redireccionamentos, servidor de registo e servidor de localização. Um UA representa um ponto final da comunicação (ou seja, um telefone VoIP). O servidor proxy é o servidor intermédio que actua em nome do UA para encaminhar as mensagens SIP para o seu destino.

A Fig. 4.2 mostra um fluxo típico de mensagens SIP para o estabelecimento e o encerramento de uma chamada. Quando o autor da chamada (UA-1) inicia uma chamada para o destinatário (UA-2), começa por enviar uma mensagem INVITE para o seu servidor proxy de saída no domínio SIPproxy1.com. Depois de receber a mensagem INVITE, o servidor de saída localiza o servidor de entrada no domínio SIPproxy2.com através do Serviço de Nomes de Domínio (DNS) e reencaminha a mensagem INVITE para o servidor de entrada. Entretanto, o servidor proxy de saída envia uma mensagem 100 TRYING ao UA-1 para indicar que o proxy de saída recebeu o pedido e está a reencaminhar a mensagem INVITE para o destino. Ao receber a mensagem INVITE, o servidor proxy de entrada obtém a localização atual (ou seja, o endereço IP) do UA-2 consultando o serviço de localização e, em seguida, envia a mensagem INVITE ao UA-2. Depois de receber a mensagem INVITE, o UA-2 começa a tocar e responde com uma mensagem 180 Ringing para o UA-1, para que o autor da chamada possa ouvir o tom de retorno do toque. Quando o interlocutor pega no telefone, o UA-2 responde com uma mensagem 200 OK para indicar que a chamada foi atendida.

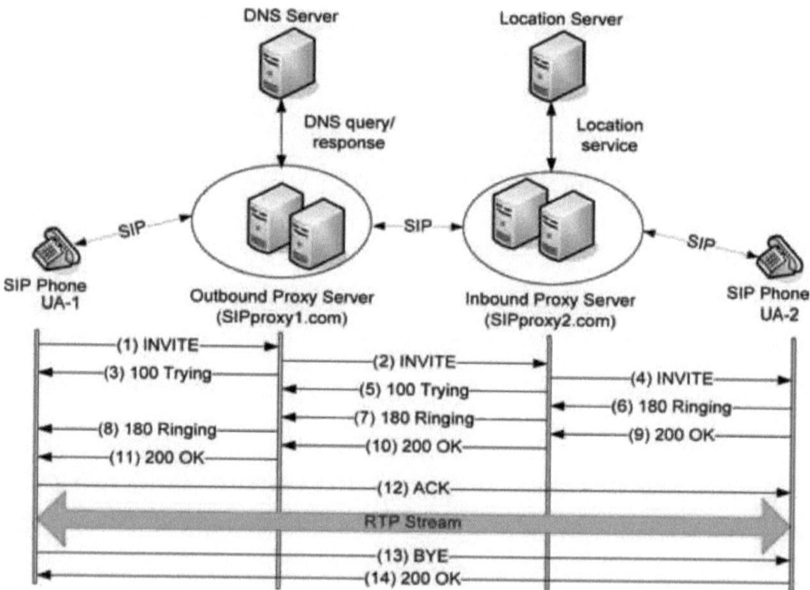

Figura 4.2: Fluxo SIP de estabelecimento e encerramento de chamadas

Ao receber a mensagem 200 OK, o UA-1 pára o toque de retorno e responde com uma mensagem ACK ao UA-2. Depois de o UA-2 receber a mensagem ACK, o aperto de mão de três vias é concluído e a chamada VoIP é estabelecida. Note-se que os corpos das mensagens INVITE e 200 OK contêm os parâmetros negociados da sessão multimédia (por exemplo, codec, endereço IP e número de porta do fluxo RTP) que são especificados no protocolo de descrição da sessão (SDP) [52]. Em seguida, UA-1 e UA-2 enviam fluxos de voz RTP um ao outro com base nos parâmetros de sessão de média negociados. No final da chamada, o UA-1 (UA-2) desliga-se e envia uma mensagem BYE ao seu interlocutor. Depois de receber a mensagem BYE, o UA-2 (UA-1) responde com uma mensagem 200 OK e pára de enviar o seu fluxo RTP. Após a receção da mensagem 200 OK, o UA-1 (UA-2) deixa de enviar o seu fluxo RTP. A chamada VoIP é então terminada [50].

4.4.1.3.2 Protocolo H.323

O H.323 foi desenvolvido pela primeira vez em 1996 e a última versão V5 foi introduzida e normalizada em 2003 pela ITU-T. Este conjunto de protocolos foi desenvolvido para serviços multimédia em LANs e, mais tarde, alargado para VoIP, de modo a proporcionar comunicações multimédia ponto-a-ponto e multiponto. O processo de sinalização H.323 é rápido e tem uma estrutura compacta de pacotes de mensagens que permite a disponibilidade máxima de recursos de rede para a sinalização de chamadas [51]

O H.323 continua a ser amplamente utilizado pelos fabricantes de equipamento de conferência de voz e vídeo e tem raízes profundas em várias aplicações em tempo real na Internet. Tem sido amplamente utilizado em todo o mundo por fornecedores de serviços e empresas para serviços de voz e vídeo em redes IP (Internet Protocol).

Existem quatro componentes principais do conjunto de protocolos H.323 [48]: , que são mostrados na Figura 4-3 abaixo.

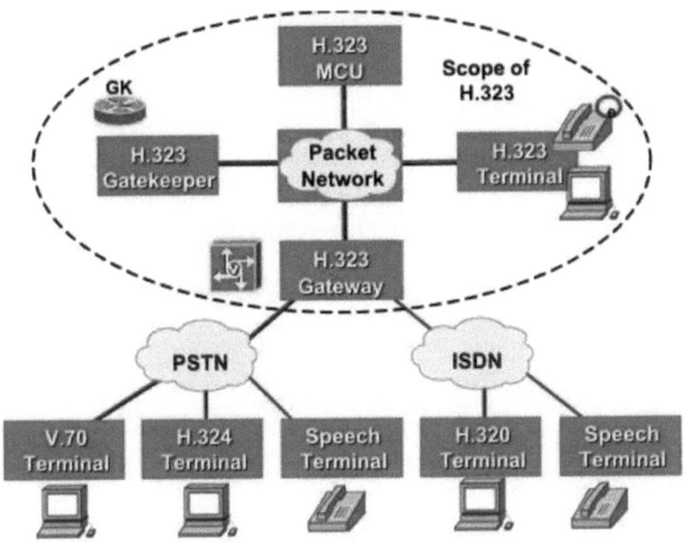

Figura 4.3: Componente H.323

1. *Terminal:* O terminal H.323 é um ponto final onde os fluxos de dados e a sinalização H.323 são originados e terminados. Pode ser um telefone IP ou um PC multimédia com uma pilha compatível com H.323 que proporciona comunicações bidireccionais em tempo real.

2. *Gateway (GW):* Uma Gateway é um componente opcional numa rede com H.323. É um ponto final H.323 que fornece tradução entre terminais pertencentes a redes com diferentes pilhas de protocolos, permitindo que os pontos finais comuniquem.

3. *Gatekeeper (GK):* Um Gatekeeper é um componente muito útil, mas opcional, de uma rede com capacidade H.323. O gate-keeper fornece vários serviços, como a tradução de

endereços e o controlo do acesso à rede para os recursos da rede a todos os pontos terminais na sua zona. Além disso, pode fornecer outros serviços, como gestão da largura de banda, contabilidade e planos de marcação para escalabilidade.

4.   ***Unidade de controlo multiponto (MCU):*** É também um componente opcional de uma rede habilitada para H.323 e a sua função básica é manter todos os fluxos de áudio, dados de vídeo e controlo entre todos os participantes na conferência [53].É tipicamente utilizada para videoconferências multipartidárias. Os principais componentes de uma MCU H.323 são o controlador multiponto (MC) obrigatório e um processador multiponto (MP) opcional.

A arquitetura H.323 suporta a troca de informações de áudio, vídeo, dados, controlo de comunicações e controlo de ligações e sessões [54]. A Figura 4.4 ilustra a estrutura do protocolo principal na arquitetura H.323. Os componentes da figura são ilustrados de seguida:

CODECS de áudio: codifica o sinal de áudio do microfone para transmissão no terminal H.323 transmissor e descodifica o código de áudio recebido que é enviado para o altifalante no terminal H.323 recetor. Dado que o áudio é o serviço básico fornecido pela norma H.323, todos os terminais H.323 devem ter, pelo menos, um suporte de CODEC áudio, como o ITU-T G.711, G.723.1 ou G.729.

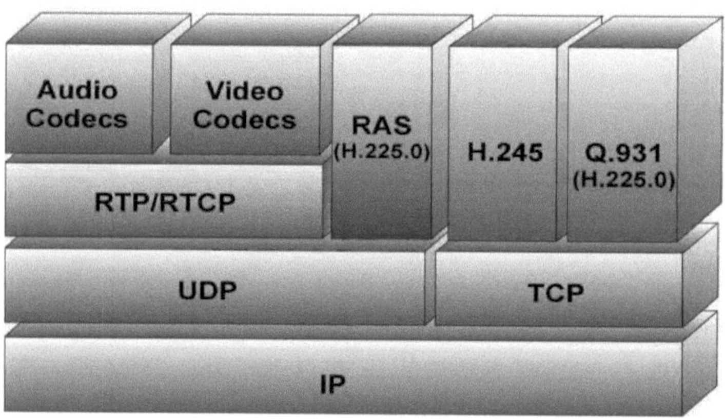

Figura 4.4: Pilha de protocolos H.323

CODECs de vídeo: codificam o vídeo da câmara para transmissão e descodificam o código de vídeo recebido que é enviado para o ecrã de vídeo. O vídeo é um serviço opcional do H.323, pelo que o suporte dos CODEC de vídeo também é opcional.

H.225 (RAS): O registo, admissão e estado (RAS) é o protocolo entre os pontos terminais

(terminais e gateways) e os gatekeepers. O RAS é utilizado para efetuar o registo, o controlo da admissão, as alterações da largura de banda, o estado e os procedimentos de desativação entre os pontos terminais e os gatekeepers [53].

Sinalização de chamadas H.225: é utilizada para estabelecer uma ligação entre dois terminais H.323. Isto é conseguido através da troca de mensagens do protocolo H.225 no canal de sinalização de chamadas.

Sinalização de controlo H.245: A sinalização de controlo H.245 é utilizada para trocar mensagens de controlo extremo-a-extremo que regem o funcionamento do ponto final H.323.

4.5 Qualidade do serviço (QoS)

A qualidade do serviço (QoS) tem sido um termo frequentemente utilizado e um tema de investigação muito atual. No entanto, as redes IP e os sistemas celulares sem fios têm encarado o fornecimento de QoS de perspectivas bastante diferentes. Nas redes IP e informáticas, os investigadores concentraram-se principalmente nas técnicas que poderiam permitir a migração do tradicional serviço Internet de melhor esforço, sem garantia de atraso ou débito ou mesmo de entrega fiável de pacotes, para uma arquitetura mais previsível. Os serviços diferenciados (DiffServ), os serviços integrados (IntServ) e várias combinações das duas técnicas tentaram satisfazer a QoS na Internet, definindo diferentes arquitecturas e técnicas de reserva. Embora a investigação sobre estas e outras técnicas alternativas esteja ainda em curso, devido à arquitetura em grande escala da Internet global e à diversidade dos nós, encaminhadores e anfitriões da Internet, a QoS na Internet tem ainda um longo caminho a percorrer para se tornar uma realidade. Uma questão importante no fornecimento de QoS na Internet (decorrente do facto de a QoS dever ser mantida numa base extremo-a-extremo) é que, sem um compromisso mútuo de todas as ligações e redes intermédias, a QoS não pode ser garantida. Esse compromisso é mesmo difícil para uma pequena rede privada, para não falar da Internet generalizada, em que cada pacote pode percorrer um caminho diferente dos outros pacotes da mesma mensagem.

As abordagens à QoS podem ser classificadas como

*   Abordagens de granularidade fina, que fornecem QoS a fluxos individuais. A arquitetura dos serviços integrados (IntServ)[55] proposta pela Internet Engineering Task Force (IETF) baseia-se nesta abordagem.

- Abordagens de granularidade grosseira, que fornecem QoS a agregados de fluxos. A arquitetura Differentiated Services (DiffServ)[52] proposta pela IETF adopta esta abordagem.

4.5.1 Serviços integrados

A ideia geral dos serviços integrados é suportar reservas por fluxo [1]. Um fluxo IntServ é constituído por pacotes que requerem uma QoS comum e que são transmitidos por uma fonte comum para um ou mais destinos.

O IntServ especifica duas classes de serviço principais -

(i) Serviço Garantido (GS) [56] - Destina-se a aplicações em tempo real que têm requisitos rigorosos em termos de largura de banda e de atraso.

(ii) Carga controlada (CL) [57] - Destina-se a aplicações não em tempo real que exigem um desempenho semelhante ao que seria obtido numa rede de melhor esforço com carga reduzida, independentemente da carga efectiva na rede. O serviço CL emula uma rede com carga ligeira.

Na arquitetura IntServ, as aplicações utilizam o protocolo de reserva de recursos (RSVP) [58]. A aplicação solicita à rede um determinado tipo de serviço antes de começar a enviar os dados. O pedido é efectuado através de sinalização explícita e todo o tráfego relacionado com esse fluxo especial percorrerá o mesmo caminho através da rede. As aplicações informam a rede do seu perfil de tráfego e solicitam um tipo especial de serviço que satisfaça os seus requisitos de largura de banda e de atraso. A aplicação só começará a enviar dados depois de o seu pedido de reserva ter sido confirmado. Se um pedido de reserva for confirmado, isso significa que o nível de QoS solicitado está reservado em todo o trajeto. Se algum encaminhador ao longo do caminho não conseguir efetuar esta reserva, toda a reserva é cancelada. Espera-se que a aplicação envie dados que estejam dentro do seu perfil de tráfego descrito.

A rede é responsável tanto pelo controlo da admissão como pelo controlo das políticas. O controlo da admissão baseia-se nos recursos de rede disponíveis e o controlo da política baseia-se nas regras da política local. A rede também se compromete a satisfazer os requisitos de QoS da aplicação, desde que o tráfego se mantenha dentro da especificação do perfil [59].

4.5.2 Serviços diferenciados

A arquitetura DiffServ para QoS IP propõe a agregação de fluxos de tráfego em diferentes classes de tráfego, também designadas por agregados comportamentais (BA). A BA de um pacote pode ser identificada a partir do valor do DiffServ Code Point (DSCP) incluído no seu cabeçalho. A arquitetura DiffServ redefine o octeto TOS do IPv4 como o campo DiffServ, como mostra a Figura 4.5 .

Figura 4.5: O campo DiffServ

Seis bits do campo DiffServ constituem o DSCP e dois bits não são atualmente utilizados (CU). Os routers com capacidade DiffServ tratam os pacotes com base no BA ao qual o pacote pertence. O comportamento de encaminhamento observável externamente de um router DiffServ é designado por Comportamento por Salto (PHB). O PHB a ser aplicado a um pacote é determinado pelo valor DSCP no seu cabeçalho.

Um domínio DiffServ é uma rede constituída por um conjunto contíguo de nós com capacidade DiffServ, todos eles utilizando um conjunto específico de mecanismos DiffServ para fornecer QoS nessa rede. O domínio DiffServ tem um conjunto de regras bem definidas para classificar e condicionar o tráfego de entrada e suporta um conjunto específico de PHBs. Os nós situados na extremidade do domínio DiffServ são designados nós de fronteira DiffServ - ligam o domínio DiffServ a outros domínios DiffServ ou não DiffServ, como mostra a figura 4.6. Os nós interiores DiffServ ligam-se apenas a outros nós no mesmo domínio DiffServ. Os nós de fronteira actuam como nós de entrada para o tráfego que entra no domínio DiffServ e como nós de saída para o tráfego que sai do domínio DiffServ.

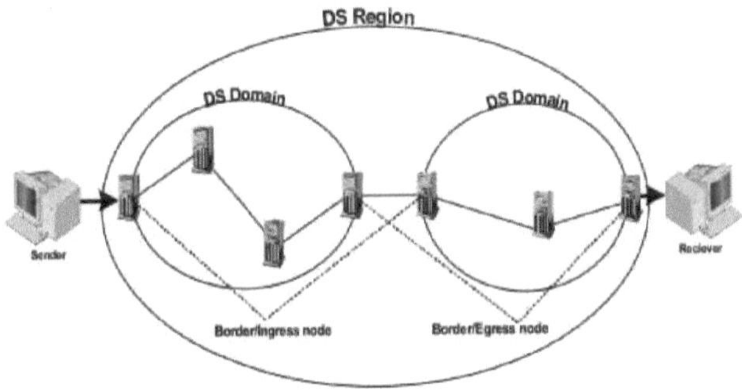

Figura 4.6: Topologia da rede de serviço diferenciado

A arquitetura DiffServ empurra a complexidade para os nós de fronteira, enquanto os nós interiores são mantidos simples. Os nós de fronteira executam funções complexas de classificação de pacotes e condicionamento do tráfego. Os nós interiores limitam-se a encaminhar os pacotes, com base na marcação do pacote.

4.5.2.1 Classificação do tráfego

Um classificador de pacotes classifica os pacotes com base no valor de um ou mais campos de cabeçalho. A arquitetura DiffServ define dois tipos de classificadores.

1.   **O classificador Behavior Aggregate**, que classifica os pacotes com base apenas no DSCP. Este é o caso se os pacotes já tiverem sido classificados por talvez uma aplicação habilitada para Serviços Diferenciados.

2.   **Classificador multi-campo**, que classifica os pacotes com base nos valores de uma combinação de campos de cabeçalho, como o campo DiffServ, o endereço IP de origem, o endereço IP de destino, a porta de origem, a porta de destino e o protocolo de transporte. Com o MF, as aplicações e os sistemas que não têm conhecimento da QoS e dos serviços diferenciados podem beneficiar dos serviços diferenciados.

4.5.2.2 Condicionamento do tráfego

Um condicionador de tráfego é normalmente constituído pelos seguintes componentes - contador, marcador, modelador e conta-gotas, como se mostra na Figura 4.7.

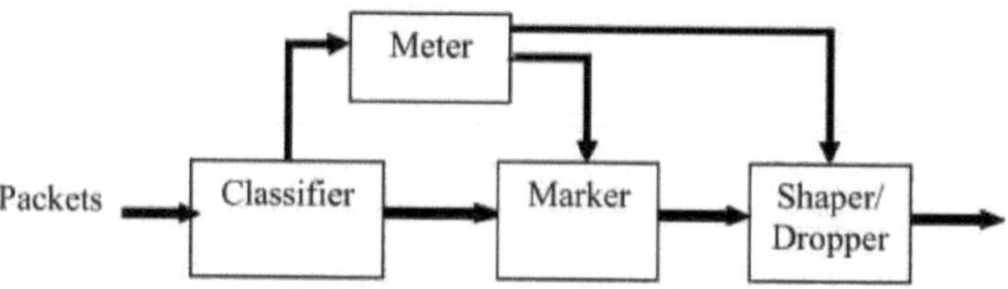

Figura 4.7: Visão lógica de um classificador de pacotes e condicionador de tráfego

Os contadores medem as propriedades temporais do fluxo de pacotes selecionados por um classificador em relação a um perfil de tráfego. Normalmente, o cliente terá um acordo de nível de serviço (SLA) com o ISP. O SLA estipula a quantidade de tráfego que terá passagem garantida. Qualquer tráfego que ultrapasse o acordo será tratado, por exemplo, com os atributos normais de melhor esforço.

O cliente pode transmitir dados a uma velocidade superior à acordada, por exemplo, transmitindo fluxos de vídeo a 500 kbps em vez dos 400 acordados. Isto significa que um em cada cinco pacotes está "fora do perfil" e deve, portanto, ser tratado.

Um marcador define o valor do octeto TOS. A marcação pode ser feita pelo sistema operativo da fonte de tráfego (marcação de anfitrião) ou por um encaminhador no domínio de origem (marcação de encaminhador).

Um shaper atrasa alguns ou todos os pacotes de um fluxo de tráfego para que o fluxo esteja em conformidade com um perfil de tráfego. Um shaper tem normalmente um buffer de tamanho finito, e os pacotes podem ser descartados se não houver espaço suficiente no buffer para guardar os pacotes atrasados.

Um dropper descarta alguns ou todos os pacotes de um fluxo de tráfego para que o fluxo fique em conformidade com um perfil de tráfego. Este processo é conhecido como "policiamento" do fluxo.

4.5.2.3 Comportamentos por salto (PHBs)

Cada router atribui recursos de memória intermédia e de largura de banda a diferentes classes de tráfego com base no PHB. Os PHBs são implementados utilizando mecanismos de gestão de buffers e de agendamento de pacotes. O PHB descreve apenas o tratamento externamente observável que uma determinada classe de tráfego recebe num nó. Não descreve a implementação utilizada para o efeito. Dois dos PHBs mais populares são o Expedited Forwarding (EF) [60] e o Assured Forwarding (AF) [61].

Os pacotes que recebem o serviço EF são encaminhados pelo menos tão rapidamente quanto a taxa em que chegam. A taxa a que o tráfego EF chega à rede é limitada através de policiamento ou modelação. O router é configurado para servir os pacotes EF mais rapidamente do que o ritmo máximo a que podem chegar. O serviço EF assegura assim baixas taxas de perda de pacotes, baixas latências e baixo jitter.

Por outro lado, as garantias de serviço PHB do AF são relativas e não absolutas. O AF especifica quatro classes de serviço e os pacotes são enfileirados numa das quatro filas com base na sua classe de serviço. O programador de pacotes atribui uma parte da largura de banda disponível a cada classe. Os pacotes dentro de uma classe de serviço são atribuídos a um dos três níveis de precedência de queda.

A abordagem DiffServ é escalável e, por conseguinte, adequada para implantação em redes de base, onde o número de fluxos é elevado. Uma vez que as funções de um encaminhador de núcleo são simples nesta arquitetura, estes encaminhadores funcionam mais rapidamente. Além disso, não precisam de manter informações de estado por fluxo. Por outro lado, as garantias de QoS para fluxos individuais não são facilmente obtidas com esta abordagem.

4.5.2.4 DiffServ vs. IntServ

Porquê utilizar o DiffServ e não apenas o IntServ, é uma questão que pode surgir depois de pensar nas semelhanças práticas entre os Serviços Diferenciados e os Serviços Integrados. Já foi explicado que os Serviços Integrados podem garantir uma determinada largura de banda, tal como os Serviços Diferenciados o podem fazer em alguns casos. A diferença prática é que os serviços diferenciados não foram concebidos para serem e não são adequados para dar quaisquer garantias. No entanto, foi concebido para efetuar um encaminhamento justo e razoável de forma dinâmica, ou seja, normalmente não precisa de saber qual a largura de banda disponível, trabalha com o que é oferecido no momento. Os serviços integrados são o oposto, não se preocupam com a equidade. O primeiro a estabelecer uma reserva é o que vai ganhar mais. Quando a largura de banda disponível estiver a ser ocupada, não serão aceites mais reservas. Também necessita de uma capacidade permanente de largura de banda de saída para que os seus algoritmos funcionem.

Para resumir: Os Serviços Diferenciados são mais flexíveis e suportam melhor a equidade, permitindo que muitos fluxos passem de forma ordenada. Em algumas situações e disposições de rede, os Serviços Integrados podem ser preferíveis, tal como, em alguns casos, os Serviços Diferenciados são os mais adequados.

4.5.3 Mecanismos de QoS extremo-a-extremo

Os mecanismos de QoS podem ser divididos em duas partes:

•   ***Mecanismos de borda****:* Estes mecanismos operam na interface utilizador-rede, como a modelação, a eliminação e a marcação. Estes mecanismos são analisados em pormenor na secção 4.5.2.

•   ***Mecanismos de base:*** Estes mecanismos funcionam nos nós de comutação da rede, como os comutadores e os encaminhadores, e serão abordados em pormenor mais adiante.

4.5.3.1 Mecanismos principais

Os mecanismos de base podem ser classificados nas categorias seguintes:

4.5.3.1.1 Armazenamento em buffer

Quando o tráfego de entrada nos nós de comutação é superior à capacidade da ligação de saída, os pacotes são temporariamente armazenados numa memória chamada buffer. Existem duas arquitecturas de buffers: buffer partilhado e buffer por fluxo. Na arquitetura de buffer partilhado, uma memória física comum é partilhada pelos pacotes que estão a ser armazenados em buffer. Assim que os links de saída ficam livres, eles são removidos do buffer pelo agendador. Uma arquitetura por fluxo atribui uma porção específica de memória aos pacotes que chegam de cada fluxo. Essas porções de memória são chamadas de filas. A vantagem do buffer por fluxo é evitar que o excesso de fontes afecte as outras fontes na rede. Por outro lado, o buffer partilhado é simples de implementar. A vantagem do buffering é que ele aumenta a taxa de transferência da rede.

4.5.3.1.2 Gestão de filas de espera

A gestão de filas de espera é o mecanismo que escolhe o pacote que deve ser descartado em caso de estouro de buffer. Cada nó de comutação na rede principal tem associado um mecanismo de gestão de filas. A Deteção Antecipada Aleatória (RED) e a Deteção Antecipada Aleatória Ponderada (WERD) são exemplos de mecanismos de gestão de filas[62].

RED é uma técnica avançada de gerenciamento de filas. Como mostrado na Figura 4.8, seu esquema começa a descartar pacotes quando o número de pacotes na fila excede um determinado limite. A probabilidade de perda aumenta com o aumento do número de pacotes em fila. Quando o número de pacotes atinge o tamanho máximo da fila, o RED descarta todos os pacotes que chegam. Ao descartar os pacotes antes que a fila fique cheia, o RED indica à fonte para diminuir sua taxa de transmissão.

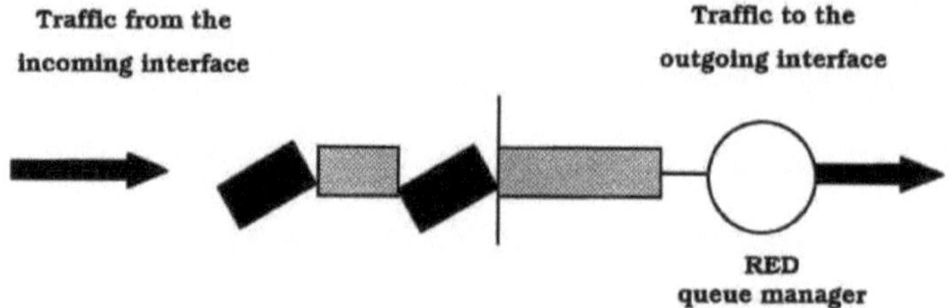

Figura 4.8: Gestão de filas de espera RED

WRED: este esquema é uma forma especial de RED. Combina as capacidades do RED com a capacidade de diferenciar a probabilidade de queda entre vários fluxos de tráfego armazenados na mesma fila. O limite da fila neste esquema é diferente para cada classe de tráfego. Quando os pacotes na fila excedem o limite, os pacotes que chegam à fila são descartados de acordo com a probabilidade de descarte de suas classes.

Escalonamento: O escalonador seleciona o próximo pacote entre os pacotes em espera nos buffers do comutador e o envia para o link de saída. A tarefa do agendador é fácil na arquitetura de buffer partilhado, uma vez que o agendador apenas seleciona o pacote com o maior tempo de espera na fila.

4.5.4 Algoritmos de programação

Os algoritmos de programação estão localizados na interface de saída dos comutadores de rede. Cada interface tem a sua própria instância do agendador. A arquitetura do escalonador é mostrada na Figura 4.9, onde o classificador aloca os pacotes em diferentes filas e o escalonador seleciona o próximo melhor pacote das filas de acordo com seu algoritmo de escalonamento apropriado.

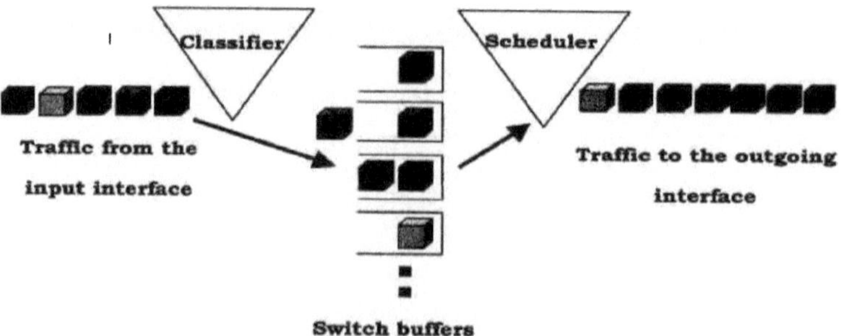

Figura 4.9: Programador

4.5.4.1 Primeiro a entrar, primeiro a sair (FIFO)

O FIFO é um dos algoritmos de escalonamento mais simples, em que os pacotes são servidos pela ordem em que chegam ao nó de comutação. O FIFO tem uma complexidade muito baixa, pelo que é um dos algoritmos mais frequentemente implementados nas redes. Existem algumas limitações para o FIFO, nomeadamente

• Não é capaz de garantir a equidade na atribuição de recursos a diferentes fluxos.

• Não pode fornecer quaisquer garantias de desempenho em termos de atraso, jitter ou throuput para aplicações em tempo real.

4.5.4.2 Partilha generalizada do processador (GPS)

O GPS é um algoritmo de programação ideal em que os pacotes de cada fluxo são classificados em diferentes filas lógicas. O GPS atende filas não vazias enviando uma quantidade infinitesimal de dados de cada fila. Assim, em qualquer intervalo de tempo finito, ele visita todas as filas pelo menos uma vez. Pode haver uma ordem de serviço associada a cada fila. As filas recebem serviço de acordo com os seus pesos associados.

4.5.4.3 Round Robin ponderado (fila de espera personalizada)

O Weighted Round Robin (WRR) é uma emulação simples do GPS. A diferença entre o GPS e o WRR é que o WRR serve uma determinada quantidade de dados em vez de enviar uma quantidade infinitesimal de dados das filas.

Neste algoritmo, cada fila tem um peso que permite enviar uma determinada quantidade de dados de cada fila não vazia. O peso é normalmente uma percentagem da largura de banda total. "Este algoritmo é uma aproximação ao GPS quando todos os fluxos de ligação têm pesos iguais. Quando diferentes fluxos de tráfego têm pesos diferentes, o algoritmo WRR serve os fluxos proporcionalmente aos seus pesos. Nos casos em que existem diferentes tamanhos de pacotes para diferentes fluxos, a fim de obter um conjunto normalizado de pesos para os fluxos, o algoritmo WRR divide o peso de cada fluxo pelo tamanho médio dos pacotes desse fluxo.

Existem dois problemas que fazem com que o WRR não emule corretamente o GPS:

1. Na prática, os tamanhos dos pacotes da fonte podem não ser previsíveis, pelo que um

algoritmo WRR não pode atribuir largura de banda de forma justa a diferentes fluxos.

2.   Em escalas de tempo inferiores a um tempo de ida e volta, o algoritmo não é justo, uma vez que alguns fluxos podem obter mais serviço do que outros. O WRR tende a ser justo apenas em escalas de tempo maiores.

Uma limitação do algoritmo WRR é que seu desempenho depende do padrão de chegada dos pacotes. Por exemplo, quando um pacote chega a uma fila logo após a fila ter sido servida, ele tem que esperar na fila por uma rodada inteira antes de ser servido, não importa o quão importante seja o fluxo do pacote.

4.5.4.4 Round Robin do défice (DRR)

O DRR é uma modificação do WRR. A melhoria deste algoritmo é que ele pode lidar com tamanhos de pacotes variáveis sem conhecer o tamanho médio dos pacotes dos fluxos. O DRR atende as filas numa ordem round robin. Cada fila pode enviar uma certa quantidade de bytes em cada rodada. Há duas variáveis associadas a cada fila neste algoritmo: Quantum e Contador de Défice . O Quantum representa o número de bytes que cada fila pode enviar na sua vez.

A variável Deficit Counter é utilizada para registar o crédito que cada fila possui para enviar tráfego e é inicializada a zero.

O programador verifica cada fila por sua vez e adiciona o Quantum da fila à sua variável Deficit Counter. A DRR tenta enviar o número de bytes igual ao Contador de Défice da fila a partir da fila. Se o tamanho do pacote em bytes for menor que o valor Quantum da fila do pacote, o pacote é servido e o Contador de Déficit é reduzido pelo tamanho do pacote em bytes. Se o tamanho do pacote for maior do que o valor Quantum, o programador passa para a fila seguinte sem servir o pacote. A fila do pacote não servido mantém o crédito que obteve por não ter enviado um pacote na ronda anterior. O crédito é utilizado pela fila na ronda seguinte. O algoritmo DRR é fácil de implementar, mas, tal como o WRR, é injusto em escalas de tempo inferiores ao tempo de ida e volta.

4.5.4.5 Fila de espera justa ponderada (WFQ)

O algoritmo Weighted Fair Queuing é uma aproximação do GPS. A diferença entre este algoritmo e o GPS é que, ao contrário deste último, não serve uma quantidade infinitesimal de dados de cada fila. Outra melhoria que foi feita ao GPS nestes algoritmos é que, no caso de fluxos com tamanhos de pacotes variáveis, eles não precisam de saber o tamanho médio dos pacotes antecipadamente. A ideia por detrás do algoritmo é que, para cada pacote, o WFQ calcula o tempo em que o serviço ao pacote estaria terminado, implementando um agendador GPS. Em seguida, o agendador do WFQ atende os pacotes na ordem crescente de seus tempos de término.

4.5.4.6 Enfileiramento prioritário (PQ)

O enfileiramento prioritário é uma das primeiras soluções para fornecer serviços diferentes a fluxos diferentes. O algoritmo atribui os pacotes dos fluxos de tráfego a diferentes filas com várias prioridades. O algoritmo de Priority Queuing (PQ) funciona da seguinte forma: as filas de maior prioridade recebem serviço até terem pacotes. Assim, a primeira fila de alta prioridade tem toda a largura de banda do link de saída disponível. A segunda fila de prioridade tem toda a largura de banda do link diminuída pela quantidade usada pela primeira fila de prioridade e assim por diante. Assim, o tráfego em cada fila de prioridade é influenciado pelas filas com prioridades mais altas.

A PQ é útil para garantir que o tráfego de missão crítica recebe tratamento prioritário. Mas não é justo porque os fluxos de prioridade mais baixa podem passar fome se os fluxos de prioridade mais alta tiverem grandes quantidades de tráfego. Este é um mecanismo de conservação de trabalho e funciona bem quando uma rede tem uma pequena quantidade de tráfego de alta prioridade. Além disso, pode haver situações em que o serviço recebido é muito melhor do que um serviço necessário fornecido por um fluxo de prioridade elevada. Nestes casos, o algoritmo não é capaz de degradar o serviço do fluxo de alta prioridade para melhorar o serviço de outros fluxos. Assim, o PQ não é uma boa escolha para a rede atual.

4.6 Integração de MPLS e DiffServ

A RFC 3270 descreve os mecanismos para o suporte MPLS do DiffServ. O primeiro desafio do suporte ao DiffServ numa rede MPLS é que os roteadores de comutação de rótulos (LSRs) tomam suas decisões de encaminhamento com base no MPLS

O cabeçalho MPLS não pode ser usado apenas para o cabeçalho shim, pelo que o PHB tem de ser inferido a partir dele. A IETF resolveu este problema atribuindo os três bits experimentais (EXP) no cabeçalho MPLS para transportar informações DiffServ em MPLS. Os LSPs para os quais o PHB é inferido a partir dos bits EXP são chamados de E-LSPs. Isso é muito útil em redes que suportam menos de 8 classificações Diffserv.

Nas redes que suportam mais de oito PHB, os bits EXP não podem, por si só, conter toda a informação necessária para distinguir entre PHB. Assim, o PHB é determinado tanto a partir da etiqueta como dos bits EXP. Os LSPs que usam o rótulo para transmitir informações sobre o PHB desejado são chamados de L-LSPs (onde L significa "label-inferred"). Os L-LSPs podem transportar pacotes de um único PHB, ou de vários PHBs que têm o mesmo regime de agendamento, mas diferem em suas prioridades de queda (como AFxy onde x é constante e y não é constante)[63,64].

O MPLS e o Diffserv são técnicas complementares que podem ser implementadas numa rede IP QoS para implementar uma solução de QoS de ponta a ponta. Quando utilizados em conjunto, o Diffserv fornece os mecanismos de QoS normalizados e o MPLS fornece técnicas de encaminhamento que aumentam a otimização dos recursos da rede e fornecem engenharia de tráfego. Um domínio MPLS utiliza protocolos de sinalização MPLS para estabelecer um caminho comutado por rótulos para encaminhar dados através de um caminho comum. O LSR de entrada rotula os pacotes, e os LSRs ao longo do LSP encaminham os pacotes para o próximo salto. No Diffserv, o router de entrada classifica os pacotes e depois marca-os com o DSCP correspondente. Os routers intermédios utilizam o PHB para determinar o tratamento de escalonamento e a probabilidade de abandono de cada pacote[65].

O MPLS torna o DS mais fiável e mais rápido devido à sua caraterística orientada para o caminho[66, 67]. Com as técnicas MLS/Diffserv, classes separadas de serviços suportadas por LSPs separados são encaminhadas separadamente, e todas as classes de serviços suportadas no mesmo LSP são encaminhadas em conjunto[5, 63].

Capítulo 5 VPN MPLS

Redes privadas virtuais MPLS

A Internet Engineering Task Force (IETF) fornece a definição normalizada de uma Rede Privada Virtual (VPN) como "Uma rede em que a conetividade entre várias Redes de Área Alargada (WAN) privadas é implementada utilizando uma infraestrutura IP partilhada com as mesmas políticas que uma rede privada". Por outras palavras, a (VPN) permite às empresas ligar os seus sítios e utilizadores remotos numa única rede segura. Existem três categorias claramente distintas de tecnologia de rede VPN, a saber

•   VPNs tradicionais baseadas na tecnologia Frame Relay (FR) de camada 2 e no modo de transferência assíncrona (ATM).

•   As VPN baseadas em equipamentos instalados nas instalações do cliente (CPE) baseiam-se em protocolos como o protocolo de tunelamento de camada 2 (L2TP) e o IPSec[68].

•   VPNs provisionadas pelo fornecedor (PP-VPNs) baseadas na comutação do nível 2, como a Ethernet, ou paradigmas baseados no IP do nível 3, como as VPNs BGP/MPLS [15, 69].

5.1 VPN BGP/MPLS

Estamos interessados aqui na VPN fornecida pelo fornecedor quando as empresas têm sítios espalhados por locais distantes que precisam de se interligar. Em vez de terem ligações totalmente dedicadas entre os seus sítios, muitas empresas preferem contratar um serviço de Rede Privada Virtual (VPN) a um fornecedor de serviços VPN, reduzindo assim os custos de ligação. Este modelo de serviço é conhecido como o serviço VPN provisionado pelo fornecedor. Neste modelo, o fornecedor de VPN partilha a sua infraestrutura de rede física entre várias empresas, garantindo o isolamento das redes virtuais [4].

Tem havido um enorme esforço de padronização no âmbito da IETF para especificar mecanismos de roteamento para VPNs provisionadas por provedores [70, 71, 72, 73] . Entre as normas propostas, BGP-MPLS-IP-VPNs [71] é a mais popular. Esta tecnologia utiliza o BGP como plano de controlo para fornecer o encaminhamento VPN e o MPLS como técnica de transporte para obter o isolamento entre o tráfego dos clientes. A sua popularidade resulta do elevado número de clientes suportados (milhares de clientes e centenas de milhares de sítios VPN)[4].

5.1.1 Objectivos do fornecedor e propriedades desejadas

O isolamento é uma palavra-chave no fornecimento de serviços VPN. As diferentes VPNs têm de ser isoladas como se tivessem ligações dedicadas entre os seus diferentes sítios. São definidos dois níveis de isolamento, o isolamento do plano de controlo e o isolamento do plano de dados.

• O isolamento do plano de controlo da VPN diz respeito tanto à sinalização como ao endereçamento, devendo ambos ser isolados. Cada VPN pode ter o seu próprio endereçamento e VPNs diferentes podem ter endereços sobrepostos. Além disso, a sinalização de uma VPN não deve afetar a sinalização de outra VPN.

• O isolamento do plano de dados diz respeito ao desempenho e à privacidade. O desempenho de uma VPN não deve ser afetado pelo facto de outras VPN partilharem a mesma infraestrutura [4].

5.1.2 Estrutura BGP-MPLS-VPN

Os principais elementos da rede central de uma rede BGP/MPLS VPN fornecida pelo fornecedor são os encaminhadores de extremo do fornecedor (PE) e de núcleo do fornecedor (P), como mostra a Figura 5.1, enquanto o encaminhador de extremo do cliente (CE) não é considerado parte da rede central do fornecedor. Actua como um par do router PE, mas não como um par para outros routers CE [74].

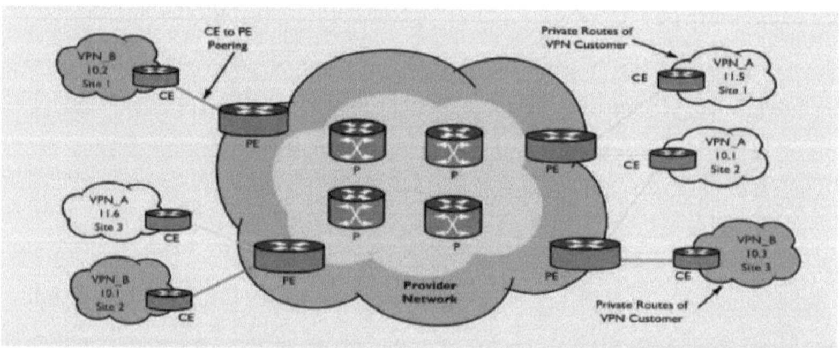

Figura 5.1: Estrutura da VPN MPLS

Os routers que ligam os sítios dos clientes à rede do fornecedor são designados por routers de extremo do cliente (CE), enquanto os routers do fornecedor de serviços aos quais os routers CE se ligam são designados por routers de extremo do fornecedor (PE). Na maioria dos casos, a rede do fornecedor é composta por mais do que apenas os encaminhadores PE; estes outros encaminhadores são designados por dispositivos P [75].

Os encaminhadores PE são responsáveis pelo acesso ao serviço VPN e pelo encaminhamento de pacotes da intranet privada para a Internet pública, ao passo que os encaminhadores P apenas dispõem de encaminhamento básico e, normalmente, não têm circuitos de acesso ao cliente diretamente ligados [19].

Todos os roteadores PE e P executam comutação de rótulos para que possam criar caminhos MPLS comutados por rótulos (LSPs) de cada PE para cada outro PE. Isto é conseguido através da utilização do protocolo de distribuição de etiquetas (LDP) em conjunto com o protocolo de gateway interior, tal como o protocolo OSPF (open shortest path first).

Quando um PE encaminha um pacote endereçado a VPN através do núcleo, acrescenta duas etiquetas MPLS, uma externa que identifica o PE no backbone do fornecedor e outra interna que identifica a interface dentro do PE. Quaisquer routers P ou PE intermédios comutam o pacote para o PE de saída utilizando apenas a etiqueta externa. A etiqueta interna é utilizada pelo PE de saída para determinar a porta VPN para a qual o pacote deve ser encaminhado [68,76].

Cada router PE suporta várias tabelas de encaminhamento/encaminhamento, denominadas tabelas de encaminhamento de rotas virtuais (VRF). Cada site ao qual o PE está ligado deve ser mapeado para uma dessas tabelas de encaminhamento. Quando um pacote é recebido de um determinado sítio, a tabela de encaminhamento associada a esse sítio é consultada para determinar como encaminhar o pacote [17].

5.2 Distribuição de rotas VPN

Os routers PE utilizam o BGP para distribuir rotas VPN entre si, mas um orador BGP só pode instalar e distribuir uma rota para um determinado prefixo de endereço. No entanto, cada VPN permitiu ter o seu próprio espaço de endereçamento, o que significa que o mesmo endereço pode ser utilizado em qualquer número de VPNs, sendo que em cada VPN o endereço denota um sistema diferente.

O BGP deve permitir a instalação e distribuição de múltiplas rotas para um único prefixo de endereço IP. Estes objectivos foram atingidos com a utilização de uma nova família de endereços.

5.2.1 As famílias de endereços VPN-IP

As Extensões Multiprotocolo do BGP [69] permitem que o BGP transporte rotas de múltiplas famílias de endereços. A noção de família de endereços VPN-IPv4 e de família de endereços VPN-IPv6 é agora introduzida.

5.2.1.1 A família de endereços VPN-IPv4

Um endereço VPN-IPv4 é um endereço de 12 bytes, começando com um "Route Distinguisher (RD)" de 8 bytes e terminando com um endereço IPv4 de 4 bytes [19]. Se duas VPNs usam o mesmo prefixo de endereço IPv4, os PEs traduzem-nos em prefixos de endereço VPN-IPv4 únicos. Isto garante que, se o mesmo endereço for usado em duas VPNs diferentes, é possível instalar duas rotas completamente diferentes para esse endereço, uma para cada VPN [71].

O objetivo do RD é apenas permitir a criação de rotas distintas para um prefixo de endereço IP comum. O RD também pode ser usado para criar várias rotas diferentes para o mesmo sistema. Isto pode ser conseguido através da criação de duas rotas VPN-IPv4 diferentes que têm a mesma parte IP, mas RDs diferentes. Isto permite ao BGP instalar várias rotas diferentes para o mesmo sistema e permite que a política seja utilizada para decidir que pacotes utilizam que rota.

Note-se que os endereços VPN-IPv4 e os endereços IP são sempre considerados pelo BGP como incomparáveis.

5.2.1.2 A família de endereços VPN-IPv6

Um endereço VPN-IPv6 é uma quantidade de 24 bytes, começando com um "Route Distinguisher" (RD) de 8 bytes e terminando com um endereço IPv6 de 16 bytes.

Quando um sítio é compatível com IPv4 e IPv6, o mesmo RD pode ser utilizado para o anúncio de endereços IPv6 e IPv4.

5.2.2 Controlo da distribuição de rotas

Quando um router PE está ligado a um CE de uma VPN específica, aprende algumas das rotas IP dessa VPN. As rotas aprendidas do peer de encaminhamento CE num determinado circuito de ligação podem ser instaladas na VRF associada a esse circuito de ligação.

Estas rotas são então convertidas em rotas VPN-IP e "exportadas" para o BGP. Se existir mais do que uma rota para um determinado prefixo de endereço VPN-IP, o BGP escolhe a "melhor" rota, utilizando o processo de decisão BGP. Esta rota é então distribuída pelo BGP ao conjunto de outros PEs que precisam de a conhecer. Nestes outros PEs, o BGP escolherá novamente a melhor rota para um determinado prefixo de endereço VPN-IP. As rotas VPN-IP escolhidas são convertidas novamente em rotas IP e "importadas" para uma ou mais VRFs.

Cada VRF está associado a um ou mais atributos Route Target (RT). Quando uma rota VPN-IPv4 é criada (a partir de uma rota IP que o PE aprendeu de um CE) por um router PE, é associada a um ou mais atributos Route Target. Qualquer rota associada ao Route Target T deve ser distribuída a todos os encaminhadores PE que tenham uma VRF associada ao Route Target T. Quando essa rota é recebida por um encaminhador PE, é elegível para ser instalada nas VRFs do PE que estão associadas ao Route Target T [71].

5.2.3 Distribuição de rotas entre PEs por BGP

Se dois sites de uma VPN estiverem ligados a PEs que se encontram no mesmo sistema autónomo, os PEs podem distribuir rotas VPN-IPv4 entre si através de uma ligação IBGP entre eles. (O termo "IBGP" refere-se ao conjunto de protocolos e procedimentos utilizados quando existe uma ligação BGP entre dois oradores BGP no mesmo sistema autónomo. Distingue-se do "EBGP", o conjunto de procedimentos utilizados entre dois intervenientes BGP em sistemas autónomos diferentes). Em alternativa, cada um pode ter uma ligação IBGP a um refletor de rotas (BGP-RR).

Os routers PE distribuem rotas VPN-IPv4 etiquetadas, quando outros PEs processam um pacote recebido que tem esta etiqueta no topo da pilha, o PE abrirá a pilha e processará o pacote adequadamente.

Numa rede VPN BGP/MPLS, o estado lógico é necessário para manter a conetividade e a acessibilidade entre PEs sob a forma de LSPs e pares BGP. Os LSPs são criados no plano de controlo pelo protocolo de distribuição de etiquetas (LDP) e, uma vez estabelecidos, facilitam o encaminhamento de pacotes MPLS no plano de dados. Os pares BGP são criados no plano de controlo através de sessões TCP que, por sua vez, facilitam a troca de informações de encaminhamento VPN específicas do cliente armazenadas nos routers PE [68, 70].

5.3 Escalabilidade

A escalabilidade das redes VPN BGP-MPLS pode ser definida como a capacidade de aumentar o serviço para qualquer número de VPN, com qualquer número de sítios, acrescentando mais encaminhadores e sem necessidade de redesenhar a rede ou reconfigurar um grande número de dispositivos.

De um ponto de vista prático, isto traduz-se nos seguintes requisitos:

• Nenhum dispositivo da rede deve conter informações sobre todos os sítios VPN ou sobre todas as rotas VPN da rede.

• A adição de um novo dispositivo, VPN ou site não deve exigir a reconfiguração de todos os outros dispositivos, VPNs ou sites da rede.

• A informação do plano de controlo deve ser distribuída ao subconjunto de dispositivos que dela necessitam, em vez de ser distribuída a todos os dispositivos da rede.

Agora as propriedades de escala são discutidas examinando a quantidade de estados do plano de controlo que é mantido e o custo de manter estes estados. Estes aspectos traduzem-se diretamente em requisitos de memória e CPU nos encaminhadores [16].

5.3.1 Aspectos de escalabilidade para os encaminhadores P e CE

Os encaminhadores P não participam em trocas de encaminhamento para o tráfego VPN e, como tal, não são obrigados a manter informações de encaminhamento VPN. O único estado mantido pelos encaminhadores principais diz respeito aos túneis de transporte PE-a-PE necessários para encaminhar o tráfego marcado com etiquetas VPN entre PE. Este estado depende do número de PEs da rede principal e não do número de VPNs, porque a carga de diferentes VPNs pode ser encaminhada ao longo do mesmo túnel PE-PE.

Além disso, adicionar um novo site às VPNs não aumenta o emparelhamento que o EC deve manter e não afecta a configuração dos ECs existentes, pelo que adicionar mais VPNs à implementação não afecta o escalonamento do dispositivo EC.

O efeito da adição de novas VPNs ou sítios VPN nos encaminhadores P e CE foi discutido acima e agora examinamos o efeito do fornecimento de uma nova VPN ou sítio [16].

5.3.2 Aspectos de salabilidade dos encaminhadores PE

Um PE anuncia todas as rotas de todos os sítios a ele ligados utilizando BGP. O número de sessões BGP não depende do número de sítios VPN ligados ao PE. Em vez disso, é proporcional ao número de pares para os quais a informação de encaminhamento é distribuída, que, no pior dos casos, é o número de outros routers PE na rede (malha completa) [16, 17], ver Figura 5.2.

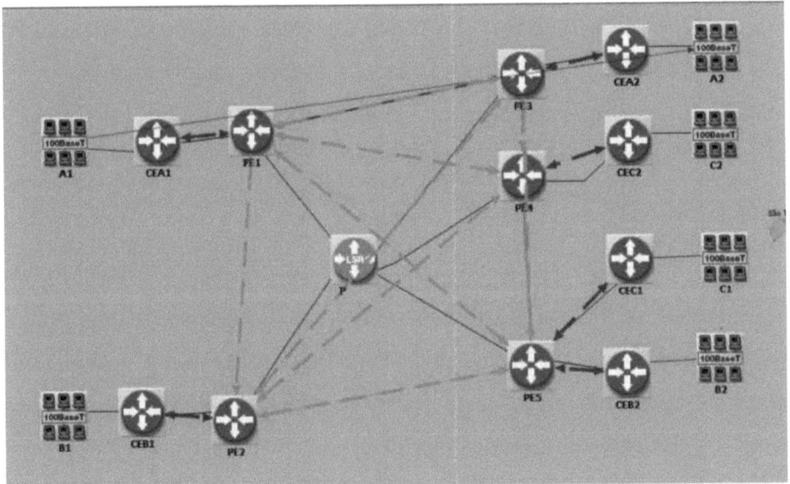

Figura 5.2: Pares BGP de malha completa entre PEs

No entanto, um PE recebe anúncios de rotas de entrada para todas as rotas VPN na rede. A receção de todos os anúncios de entrada seria um problema se o PE fosse obrigado a manter todas essas rotas, uma vez que o crescimento do serviço VPN na rede seria limitado pelo número total de rotas que um determinado PE pode suportar.

À medida que o tamanho da VPN aumenta, são necessários mais routers PE, o que resulta em mais pares PE-PE e também em mais túneis MPLS - LSPs.

A resolução do problema de escalabilidade resultante do aumento do número de LSPs é efectuada ao nível da tecnologia MPLS. Na próxima secção, será estudada a eficácia da utilização de RRs para resolver o problema de escalabilidade resultante do aumento do peering entre PEs. Esta eficácia será comprovada através da comparação de dois modelos: um com RR e outro sem RR.

Capítulo 6 Resultados e Discussão

Resultados e discussão

A conceção de uma rede eficiente desempenha um papel importante no mundo das redes de comunicação. É essencial estudar o desempenho da rede concebida, o que é uma tarefa difícil numa aplicação em tempo real. Por este motivo, foram concebidos muitos simuladores de rede, como o OPNET (Optimized Network Engineering Tool) Modeler e o NS2 (Network Simulator), etc.

6.1 Modelador OPNET

O OPNET Modeler 14.5 é utilizado para a conceção e implementação do trabalho aqui relatado. O OPNET Modeler 14.5 é utilizado para a conceção e implementação do trabalho aqui relatado. Foi introduzido em 1987 como a primeira ferramenta comercial de simulação de redes. Esta versão fornece um ambiente de desenvolvimento abrangente que suporta a modelação de redes de comunicação e sistemas distribuídos. Tanto o comportamento como o desempenho dos sistemas modelados podem ser analisados através da realização de simulações de eventos discretos. O ambiente OPNET incorpora editores e ferramentas para todas as fases dos estudos, incluindo a conceção do modelo, a simulação, a recolha e a análise de dados.

O OPNET é um enorme pacote de software com um vasto conjunto de funcionalidades concebidas para apoiar a modelação geral de redes e para fornecer apoio específico a determinados tipos de projectos de simulação de redes, de modo a que o OPNET possa ser utilizado como plataforma para desenvolver modelos de uma vasta gama de sistemas.

6.1.1 Editores e ferramentas

O OPNET suporta a especificação de modelos com várias ferramentas ou editores que capturam as caraterísticas do comportamento de um sistema modelado. Por ser baseado em um conjunto de editores que abordam diferentes aspectos de um modelo, o OPNET é capaz de oferecer recursos específicos para abordar os diversos problemas encontrados em redes e sistemas distribuídos.

6.1.1.1 Editor de projectos

A área principal para a criação de uma simulação de rede é o Editor de Projetos, que é mostrado na Figura 6.1. Ele é usado para criar um modelo de rede usando modelos da biblioteca padrão, coletar estatísticas sobre a rede, executar a simulação e visualizar os resultados.

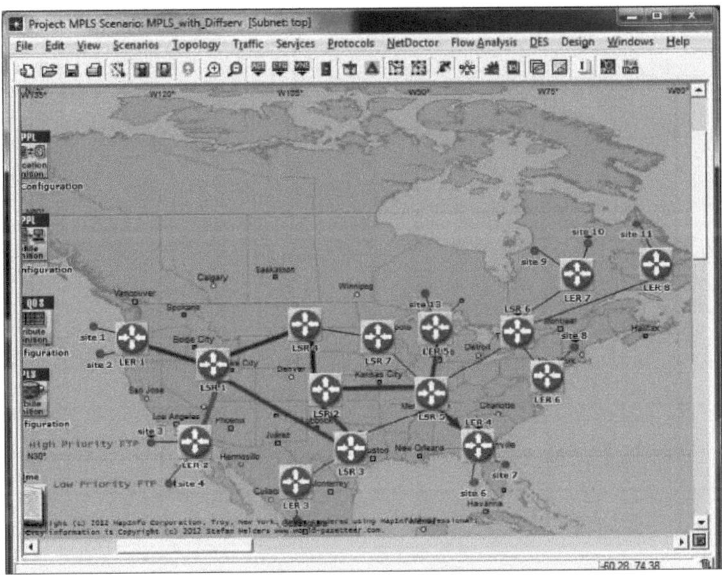

Figura 6.1: Um modelo de rede construído no Editor de Projectos

Um modelo de rede contém três tipos fundamentais de objectos: sub-redes, nós e ligações. Existem diversas variedades de nós e ligações, cada uma oferecendo diferentes capacidades básicas. Além disso, cada nó ou ligação é ainda mais especializado pelo seu "modelo", que determina o seu comportamento e funcionalidade.

6.1.1.2 O editor de nós

O Editor de Nós mostrado na Figura 6.2 é usado para criar modelos de nós. Os modelos de nós são então usados para criar instâncias de nós dentro de redes no Editor de projetos. Internamente, os modelos de nós do OPNET têm uma estrutura modular. Você define um nó conectando vários módulos com fluxos de pacotes e fios de estatísticas. As conexões entre os módulos permitem que os pacotes e as informações de status sejam trocados entre os módulos. Cada módulo colocado num nó serve um propósito específico, como gerar pacotes, colocar pacotes em fila de espera, processar pacotes ou transmitir e receber pacotes [3].

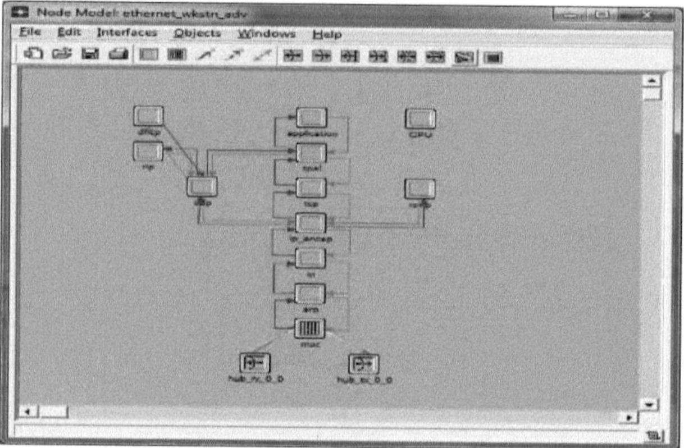

Figura 6.2: Editor de nós

6.1.1.3   O editor de modelo de processo

Para criar modelos de processos que controlam a funcionalidade subjacente dos modelos de nós criados no Editor de nós, é possível utilizar o Editor de processos apresentado na Figura 6.3. Os modelos de processo são representados por máquinas de estados finitos (FSMs) e são criados com ícones que representam estados e linhas que representam transições entre estados. As operações efectuadas em cada estado ou para uma transição são descritas em blocos de código C ou C++ incorporados [3].

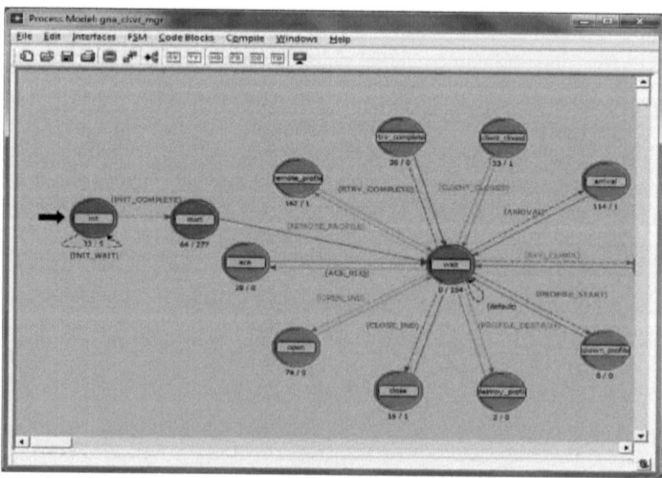

Figura 6.3: Editor do modelo de processo

6.2 Tarefas de simulação

Todas as simulações neste estudo foram efectuadas utilizando o OPNET modeler 14.5. As simulações estão divididas em seis tarefas:

*   **Primeira tarefa**: comparação entre a disciplina de filas de espera e os codificadores de voz.

*   **Segunda tarefa**: estudar as redes ATM.

*   **Terceira tarefa**: comparação entre redes IP e MPLS.

*   **Quarta tarefa**: estudar os benefícios da fusão do diffserv com as redes MPLS.

*   **Quinta tarefa**: Estudar os aspectos de escalabilidade em redes VPN MPLS.

*   **Sexta tarefa**: Estudar os métodos de recuperação de falhas em redes de backbone MPLS.

6.3 Primeira tarefa Mecanismos de QoS e codificação vocal

Nesta tarefa, o modelador OPNET é utilizado para estudar o efeito da utilização de diferentes mecanismos de QoS e estudar o efeito da utilização de diferentes codificadores de voz em redes IP convencionais.

6.3.1 Modelo de rede

Para esta primeira tarefa, é estabelecida a rede mostrada na Figura 6.4, que consiste nos seguintes elementos de rede

*   2 LERs (entrada_Rl e saída R5)

*   3 LSRs (R2, R3, R4)

*   2 estações VoIP (VOICESOURCE e VOICE SERVER)

*   2 estações de vídeo (VIDEO SOURCE e VIDEO SERVER)

*   2 estações FTP (FTP _SOURCE e FTP SERVER)

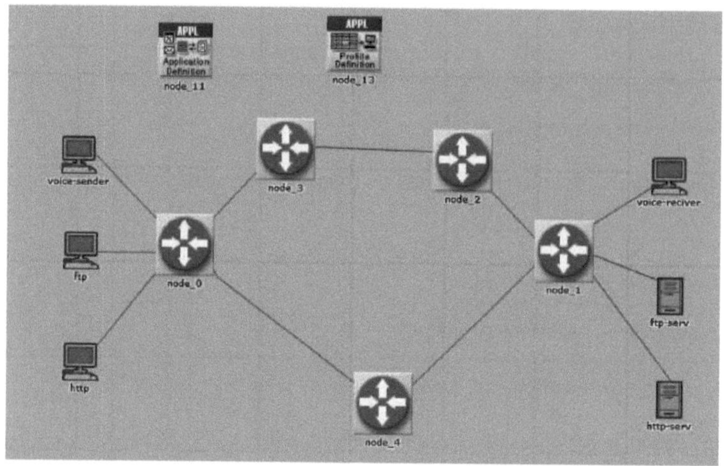

Figura 6.4: Modelo de rede para a primeira tarefa

São utilizadas ligações DS1 para ligar todos os routers e são assumidas ligações 10 base T para ligar as estações de trabalho aos dois LERs. O tráfego VoIP é enviado de VOICE_SOURCE para VOICE_SERVER. As chamadas VoIP são estabelecidas no modelo de rede através da configuração dos atributos de definição da aplicação e de definição do perfil (explicados na secção seguinte).

6.3.2 Configuração de rede

Para modelar uma aplicação OPNET, está disponível um objeto denominado atributo de definição de aplicação. O atributo de definição de aplicação predefine aplicações que podem ser modificadas de acordo com os requisitos do utilizador. Algumas das aplicações predefinidas no atributo de definição de aplicação são HTTP, correio eletrónico, vídeo, FTP, voz, base de dados, etc.

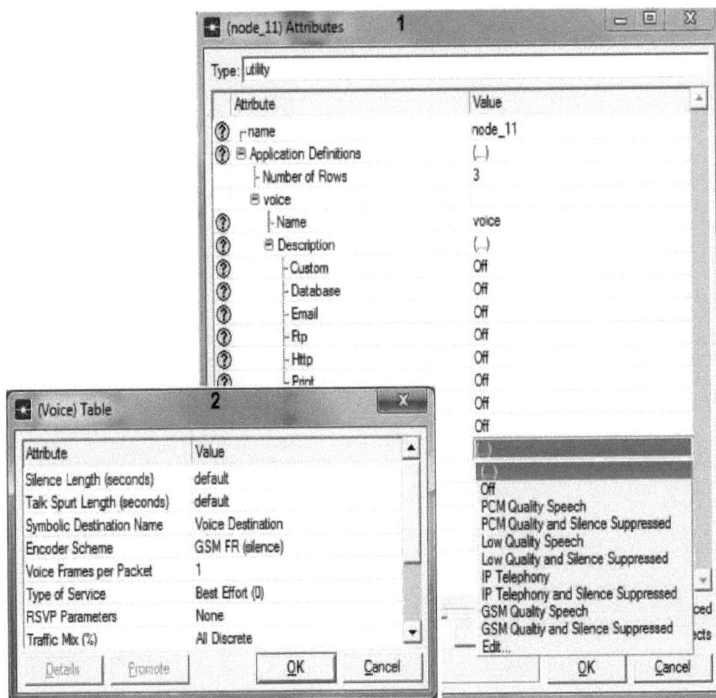

Figura 6.5: Atributos de definição da aplicação

Figure 6.5 mostra o atributo Application Definition utilizado no modelo de simulação. Três aplicações (Voz, FTP e Vídeo) foram modeladas na simulação usando o atributo Application. Para o tráfego FTP foi utilizada distribuição exponencial para a chegada dos pacotes, tamanho constante dos pacotes e tipo de serviço de melhor esforço. Foi utilizado vídeo de baixa resolução com uma taxa de chegada de 10 fps (frames por segundo) e 128x120 pixéis. Para o tráfego de voz, o esquema de codificação de voz utilizado é o G.711, os comprimentos do silêncio e do jato de voz são distribuídos exponencialmente e o ToS é Voz Interactiva.

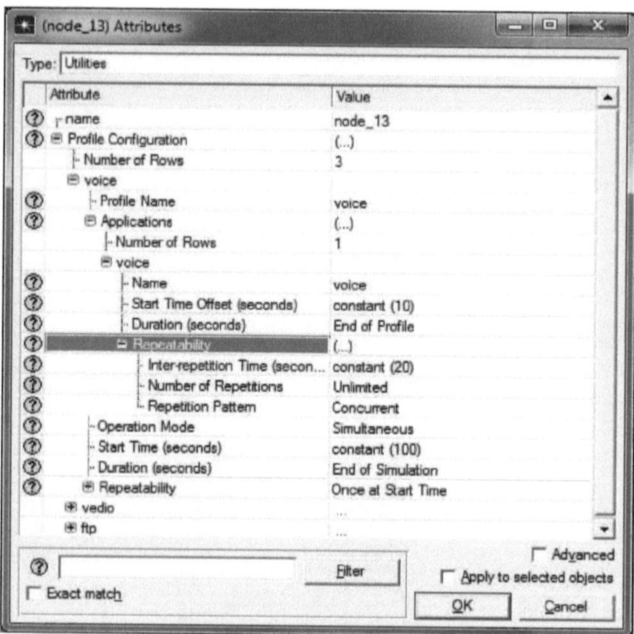

Figura 6.6: Atributos de definição de perfil

Depois de configurar as aplicações na Definição de aplicações, será necessário definir qual o posto de trabalho que irá utilizar cada aplicação específica.

No caso presente, VOICE-SOURCE e VOICE-RESEVER são os postos de trabalho que irão executar a aplicação VoIP. O comportamento do posto de trabalho é descrito pelo seu perfil, que é definido através da Definição de Perfil.

Figure 6.6 mostra o objeto de Definição de Perfil utilizado na simulação. Neste caso, a hora de início da simulação é definida para 100 segundos e a aplicação VoIP é repetida continuamente até ao fim da simulação. Isto significa que as chamadas VoIP são estabelecidas entre as estações de trabalho VOICE_SOURCE e VOICESERVER a partir dos 100 segundos e as chamadas são adicionadas continuamente até ao fim da simulação, sendo que, por cada 20 segundos, é adicionada uma chamada VoIP à simulação. A adição de uma chamada VoIP é efectuada repetindo a aplicação VoIP de 20 em 20 segundos na definição do perfil.

6.3.3 Resultados da simulação

6.3.3.1 Primeiros algoritmos de programação de projectos

Neste projeto, descrevemos uma experiência de simulação que é realizada com o objetivo de comparar a funcionalidade do algoritmo de agendamento, como o First in First out (FIFO), o Weighted Fair Queuing (WFQ) e o Priority Queuing (PQ).

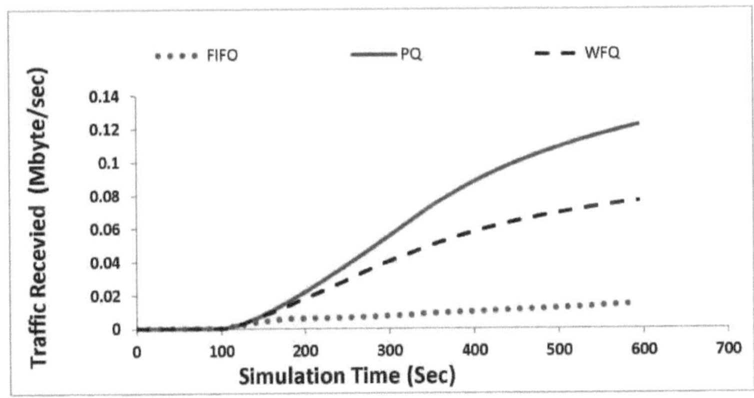

Figura 6.7: Tráfego de voz recebido

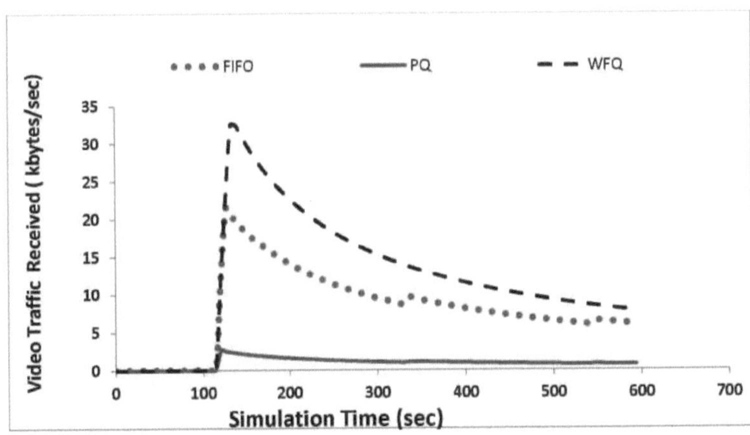

Figura 6.8: Tráfego de vídeo recebido

As Figuras 6.7 e 6-8 mostram a relação entre o tráfego recebido em bytes por segundo para os dados de voz e vídeo e o tempo de simulação (o aumento da simulação significa um aumento de utilizadores, sendo adicionado um novo utilizador a cada 20 segundos).

Pode ver-se em ambas as figuras que a PQ dá o melhor tráfego de voz recebido em comparação com os esquemas de enfileiramento WFQ e FIFO, dando à voz a prioridade máxima entre as aplicações sem qualquer equidade entre elas. Por outras palavras, se o tráfego de voz aumentar até atingir a capacidade das ligações, descartará todas as outras aplicações da rede, o que constitui um mau comportamento do PQ.

O WFQ dá resultados de voz aceitáveis e também dá o melhor resultado de vídeo entre os três esquemas. Isto é efectuado atribuindo a cada fila de aplicações um peso específico e servindo estas filas de forma round robin.

O FIFO dá maus resultados para voz e vídeo porque considera todo o tráfego na rede igual e não suporta qualquer diferenciação.

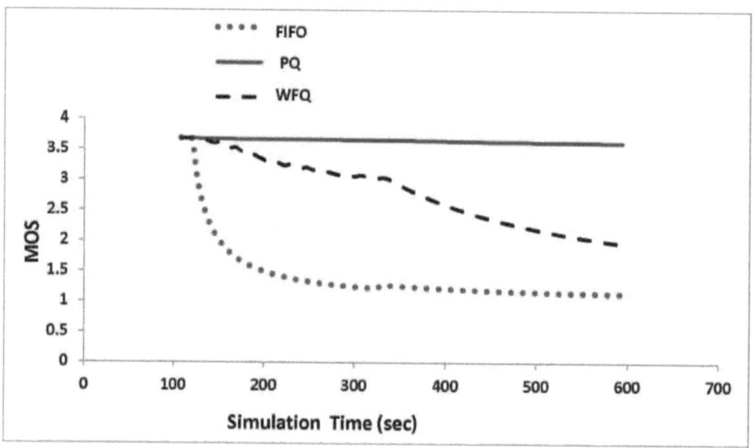

Figura 6.9: Pontuação média de opinião sobre voz (MOS)

A figura 6.9 mostra a pontuação média das opiniões em função do tempo de simulação (o aumento do tempo de simulação significa um aumento do número de utilizadores, sendo adicionado um novo utilizador a cada 20 segundos). A partir desta figura, pode ver-se que a pontuação média de opinião para o tráfego de voz recebido pelo PQ é boa e não diminui com o aumento do tráfego na rede, enquanto o WFQ dá um MOS aceitável mas diminui com o aumento do tráfego e o FIFO dá um valor MOS mau.

6.3.3.2 Codificadores de voz do segundo projeto

Neste projeto, a simulação é feita para chamadas de voz entre o VOICESENDER e o VOICE-RECEIVER com codificadores de voz (G711, G729 e G723), em que cada codificador de voz será utilizado isoladamente. O número de chamadas VoIP é aumentado com o tempo de simulação. Os três codificadores são comparados e os resultados mostram as seguintes estatísticas:

1. MOS.

2. PETED.

3. TROPA.

4. ATRASO DE QUEUING.

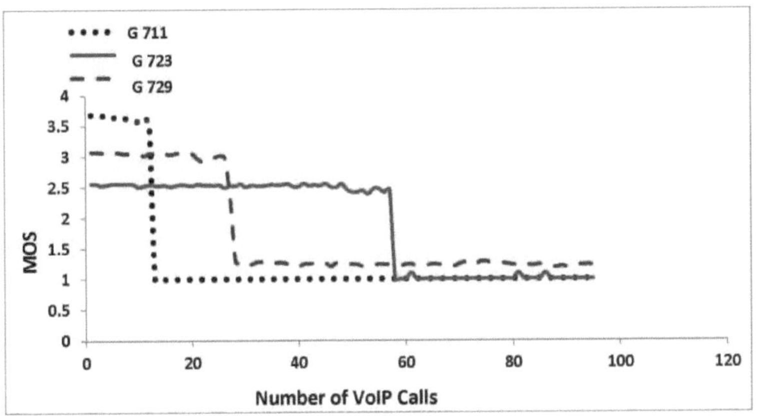

Figura 6.10: Pontuação média de opinião (MOS)

A figura 6.10 mostra a pontuação média de opinião em função do número de chamadas VoIP. A partir desta figura, pode ver-se que o G711 dá bons MOS para um número reduzido de utilizadores, mas com o aumento do número de chamadas VoIP os MOS diminuem. O G 729 serve um maior número de utilizadores, mas com menor MOS e, finalmente, o G723 tem o MOS mais baixo, mas serve um grande número de utilizadores.

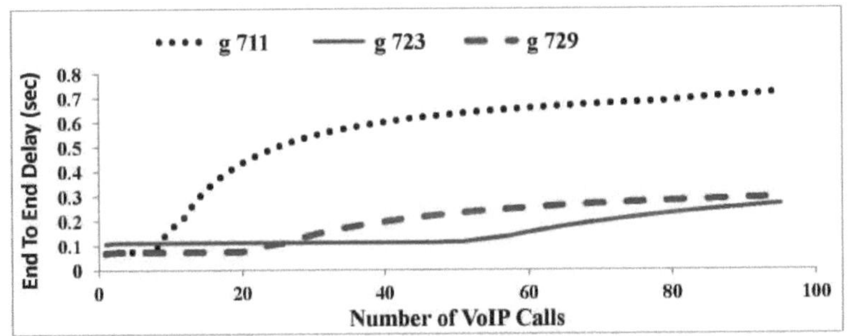

Figura 6.11: Atraso de fim-de-fim do pacote (PETED)

A Figura 6.11 mostra o atraso de extremo a extremo em função do número de chamadas VoIP. A partir desta figura, pode ver-se que, com um pequeno número de utilizadores, o G 723 dá um ligeiro aumento no atraso de extremo a extremo em comparação com o G711 e o G 729. Esta situação resulta do facto de a dimensão predefinida da moldura do G 723 ser de 30 mseg, enquanto a dimensão da moldura do G 711 e do G 729 é de 10 mseg. Com o aumento do número de chamadas VoIP, o G 723 apresenta o menor atraso de extremo a extremo.

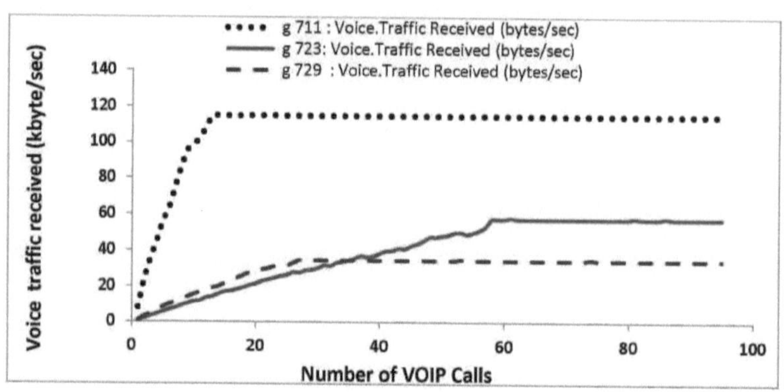

Figure 6.12: Rendimento de voz

A Figura 6.12 mostra o tráfego de voz final recebido em bytes por segundo em relação ao número de chamadas VoIP.

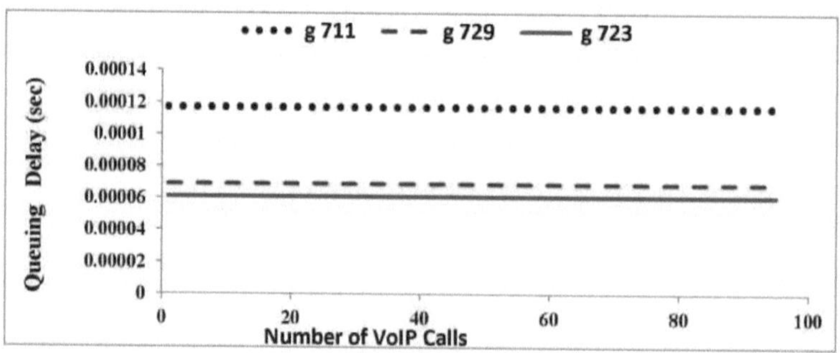

Figure 6.13: Atraso na fila de espera

A Figura 6.13 mostra o enfileiramento em função do número de chamadas VoIP. A figura acima mostra que o G 711 apresenta o maior atraso na fila de espera, enquanto o G723 apresenta o menor atraso entre os três esquemas.

6.3.4 Conclusão 1

O WFQ é o melhor esquema para aplicações em tempo real, porque dá às aplicações multimédia uma prioridade relativa sem deixar de dar prioridade a outras aplicações, ao passo que o PQ não dá qualquer equidade entre as aplicações. O PQ dá bons resultados para a voz nas figuras acima, mas à custa de outras aplicações. A utilização de codificadores de voz depende da aplicação.

O G711 proporciona chamadas de boa qualidade, mas serve um pequeno número de utilizadores e consome os recursos da rede, enquanto o G729 vem depois do G711, serve mais utilizadores, mas com uma diminuição da qualidade. O G 723 serve um grande número de utilizadores com a qualidade mais baixa dos três codificadores.

6.4 Segunda tarefa Redes ATM

Nesta tarefa, o modelador OPNET é utilizado para estudar os diferentes tipos de classes de serviço ATM e comparar as redes IP, MPLS e ATM.

6.4.1 Modelo de rede

Para esta primeira tarefa, é estabelecida a rede mostrada na Figura 6.14, que consiste nos seguintes elementos de rede

- 7 comutadores ATM

- 1 estação FTP

- 1 Estação de correio eletrónico

- 4 Sub-redes cada sub-rede contém (Seis estações de voz ligadas à rede ATM

interrutor)

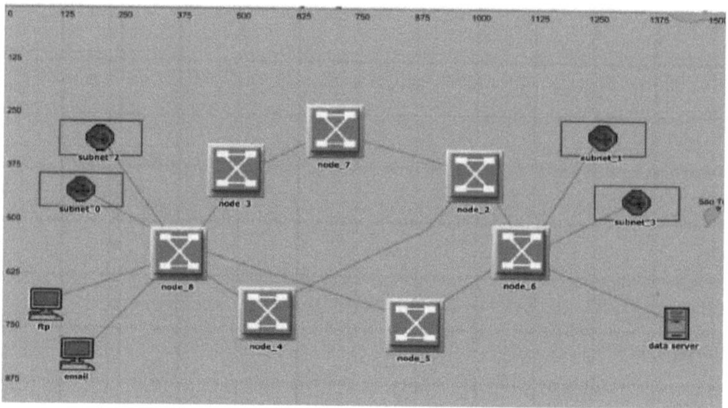

Figura 6.14: Modelo de rede ATM

6.4.2 Primeiro projeto Categorias de serviços ATM

São utilizadas ligações DS1 para ligar todos os routers e estações de trabalho. Cada estação VoIP está configurada para enviar e receber tráfego de voz em simultâneo. A experiência é repetida cinco vezes em cada experiência, a classe de serviço é alterada e os parâmetros de QoS são calculados para todas as classes de serviço.

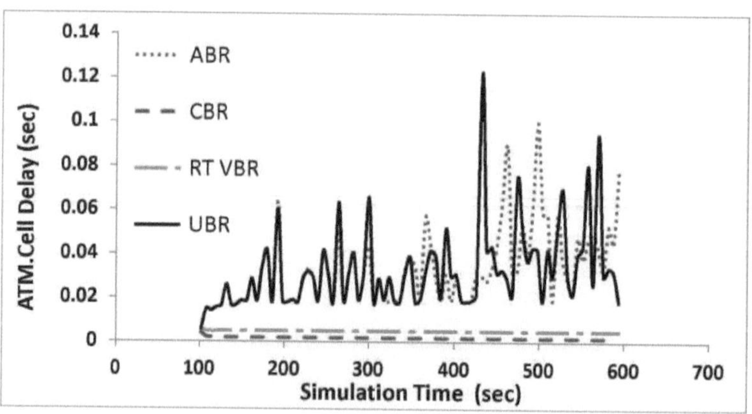

Figura 6.15: Atraso da célula ATM (seg.)

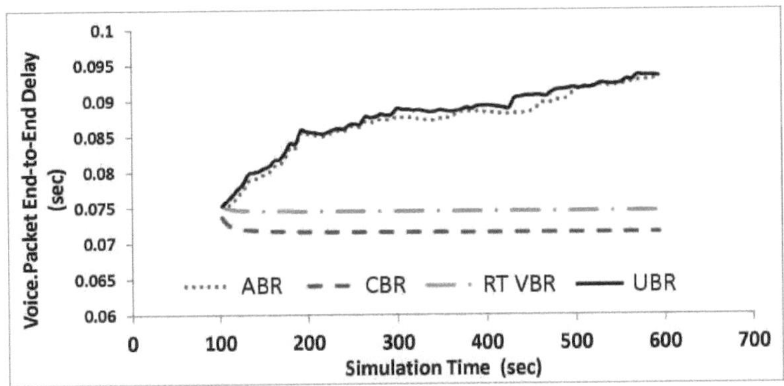

Figura 6.16: Atraso de fim-de-fim do pacote (seg)

A Figura 6.15 e a Figura 6.16 mostram a relação entre o atraso da célula e o atraso de extremo a extremo para o tráfego de voz versus o tempo de simulação. Pode ver-se nas figuras que o CBR dá o atraso mais baixo porque as estações exigem uma taxa de bits constante durante a ligação. Isto garante um atraso reduzido, mas desperdiça os recursos da rede. A VBR também proporciona um atraso baixo, uma vez que a rede não tem de reservar uma taxa de bits constante, mas continua a garantir um determinado rácio de perda de células.

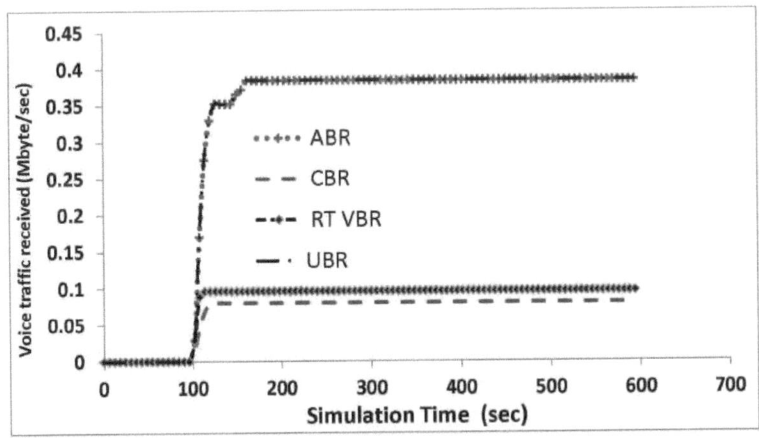

Figura 6.17: Tráfego de voz recebido (Mbyte/seg.)

A Figura 6.17 mostra a relação entre o tráfego de voz recebido em Mbyte por segundo e o tempo de simulação em segundos. Pode ver-se na figura que o CBR e o rt-VBR dão o menor tráfego de voz recebido porque exigem largura de banda garantida, a menos que a chamada seja bloqueada, enquanto o VBR e o ABR utilizam a largura de banda disponível para enviar o tráfego.

6.4.3 Segundo projeto compara ATM, IP e MPLS

São utilizadas ligações OC3 para ligar todos os routers e estações de trabalho. Cada estação VoIP está configurada para enviar e receber tráfego de voz em simultâneo e adicionar chamadas de voz de 5 em 5 segundos. São utilizadas três tecnologias na mesma topologia de rede: IP, MPLS e ATM. Os parâmetros de QoS são obtidos para comparar estas tecnologias.

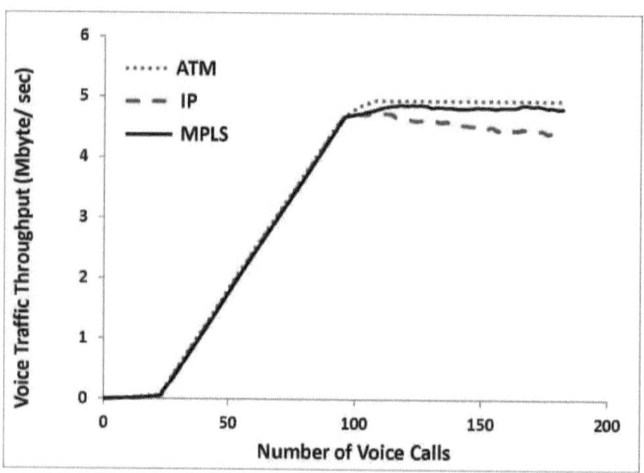

Figura 6.18: Débito do tráfego de voz (Mbyte/seg.)

A Figura 6.18 mostra a relação entre o débito do tráfego de voz em Mbyte por segundo e o número de chamadas VoIP. O débito depende da velocidade da ligação e da natureza da tecnologia utilizada para transmitir os dados. A Figura 6.18 mostra que a taxa de transferência aumenta linearmente com a carga até o canal ficar saturado. Depois disso, mantém-se quase constante nos casos de ATM e MPLS, mas há uma diminuição observável no caso do IP, devido à sua natureza sem ligação e à forte queda de pacotes que pode ser causada por congestionamento. Além disso, o IP produz um débito relativamente menor devido às suas caraterísticas de serviço sem ligação e de melhor esforço.

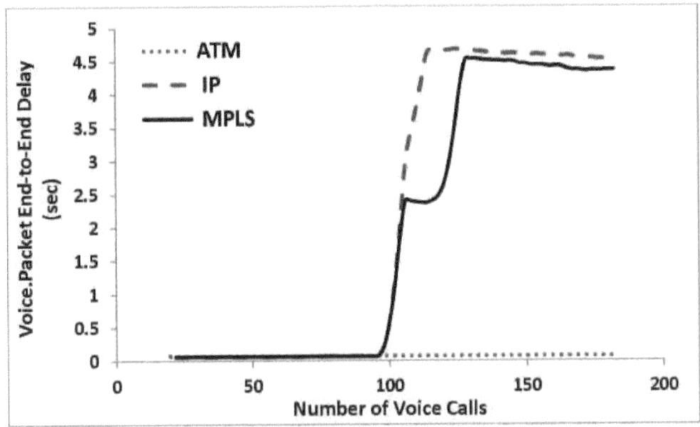

Figura 6.19: Atraso de voz de extremo a extremo (seg.)

A Figura 6.19 mostra a relação entre o atraso de voz de extremo a extremo e o número de chamadas VoIP . A ausência de ligação virtual é a principal razão do atraso relativamente maior nos núcleos baseados em IP, especialmente quando comparados com ATM, o que é claramente ilustrado na Figura 6.19. Supõe-se que o ATM seja adequado para tráfego em tempo real devido à sua caraterística de estabelecimento prévio de caminhos. O ATM apresenta este pequeno atraso porque é utilizada a classe de serviço CBR, que solicita os parâmetros necessários antes de estabelecer as chamadas de voz para garantir uma boa QoS, a menos que bloqueie a chamada.

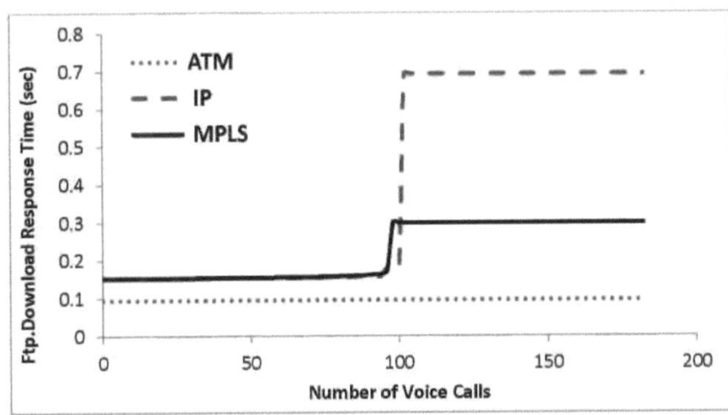

Figura 6.20: Tempo de resposta do descarregamento FTP (seg)

A Figura 6.20 mostra a relação entre o tempo de resposta do download FTP e o número de chamadas VoIP. O ATM dá a melhor resposta a todos os tipos de tráfego. Isto significa que é necessário um pequeno atraso para iniciar a conversação e para permitir que o cliente comece a enviar os seus dados. Como mostra a Figura 6.20, o tempo de resposta do FTP do ATM é consideravelmente menor em comparação com as outras duas tecnologias. O núcleo baseado em IP apresenta o pior comportamento devido à sua deteção de caminho aleatório (não existe circuito virtual em IP). Esta caraterística é muito útil e pode ser bem explorada para tráfego em tempo real, como voz e vídeo. Isto leva-nos diretamente à conclusão de que o ATM apresenta um melhor desempenho para o tráfego em tempo real no que diz respeito a qualquer tipo de atraso.

6.4.3 Conclusão 2

Pode observar-se que cada classe de serviço ATM foi concebida para servir eficazmente diferentes tipos de tráfego. Além disso, a ATM dá o melhor resultado entre as três técnicas, mas atualmente a ATM é raramente utilizada porque não é compatível com as redes IP e a MPLS é considerada a abordagem preferida para as redes públicas. Verificamos que um estudo comparativo entre IP e ATM não dará resultados adequados porque são tecnologias diferentes e os comutadores e routers têm capacidades diferentes, pelo que continuamos a estudar apenas o IP e o MPLS mais populares e compatíveis.

6.5 Terceira tarefa Voz sobre IP e MPLS

Este estudo experimental mostra como o MPLS melhora o desempenho global da rede.

6.5.1 Modelo e configuração da rede

O mesmo modelo de rede utilizado no estudo anterior foi utilizado e o desempenho do tráfego de voz nas redes IP e MPLS é estudado, são utilizadas ligações DS3 (44,736 Mbps) para ligar todos os encaminhadores e ligações de 100 Mbps para ligar as estações de trabalho aos dois LER. O protocolo de encaminhamento é o OSPF; por conseguinte, o caminho de melhor esforço seria o do encaminhador A-E-D e, assim, constituiria o estrangulamento. Estão a ser testados dois cenários, a saber

1)   IP _Topologia de melhor esforço

2)   Topologia MPLS.

Nestes cenários, o tráfego de voz aumentou com a adição de aplicações de voz de dois em dois segundos para observar e comparar a eficiência da arquitetura das duas topologias no que respeita ao débito de voz, ao atraso extremo-a-extremo e ao jitter à medida que a carga aumenta.

O tráfego FTP foi definido como um serviço de baixa carga e de melhor esforço, em que os ficheiros têm 1000 bytes e o tempo entre os pedidos dos clientes é distribuído exponencialmente com uma média de 3600 segundos. São utilizados vídeos de baixa resolução com uma taxa de chegada de 10 fps (fotogramas por segundo) e 128x120 pixéis. Para o tráfego de voz, o esquema de codificação de voz é o G.711 e os comprimentos de silêncio e de jato de voz são distribuídos exponencialmente. Todas estas definições foram efectuadas utilizando o perfil de atributos de aplicações OPNET.

O tráfego de fundo foi especificado nas ligações. O principal objetivo do tráfego de fundo é modelar o efeito do tráfego geral na rede sobre o tráfego de interesse selecionado. O tráfego de fundo foi configurado como 50% da capacidade das ligações, a fim de criar tráfego suficiente para tornar a ligação congestionada.

Na configuração MPLS, são estabelecidos dois LSP na rede, como mostra a Figura 6.21, o LSP1 retém o tráfego de voz do caminho mais curto e o LSP2 força o outro tráfego a seguir o caminho mais longo, a fim de diminuir o congestionamento na rede.

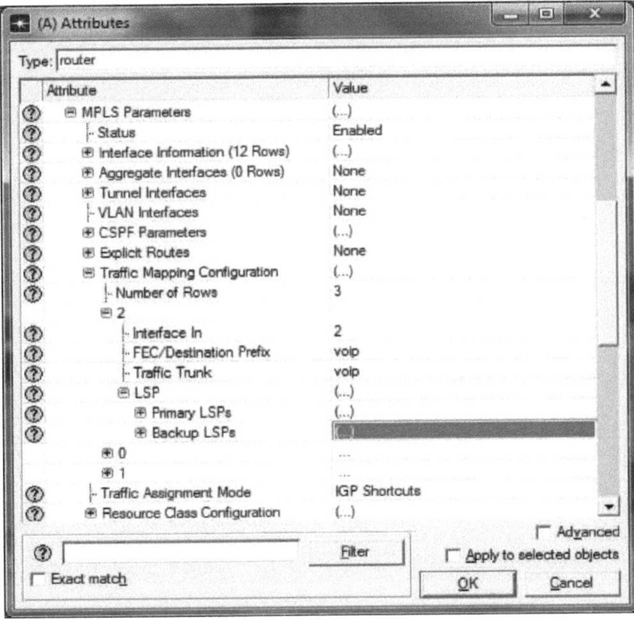

Figura 6.21: Atributos MPLS

6.5.2 Resultados da simulação

Nas simulações, a rede IP pura apenas fornece serviços de melhor esforço para fluxos de tráfego FTP, vídeo e voz. Todo o tráfego utilizou o caminho mais curto (A-E-D) e excedeu a sua capacidade de largura de banda, enquanto o caminho mais longo foi subutilizado. A taxa de transferência aumentou nos links à medida que a voz aumentou sua taxa de tráfego com o tempo. Os pacotes são descartados e atrasados à medida que os buffers transbordam porque os recursos da rede não conseguem atender a toda a demanda de tráfego.

6.5.2.1 Débito de voz

A figura 6.22 mostra a taxa de transferência de voz em bytes em função do tempo de simulação (o aumento do tempo de simulação significa um aumento do número de utilizadores, em que um novo utilizador é adicionado a cada 2 segundos). A partir desta figura, pode ver-se que o MPLS resolve parcialmente o problema, distribuindo a carga nas ligações da rede utilizando o FEC. Além disso, o MPLS beneficia da sua comutação rápida nos encaminhadores, mas não aplica qualquer mecanismo de QoS.

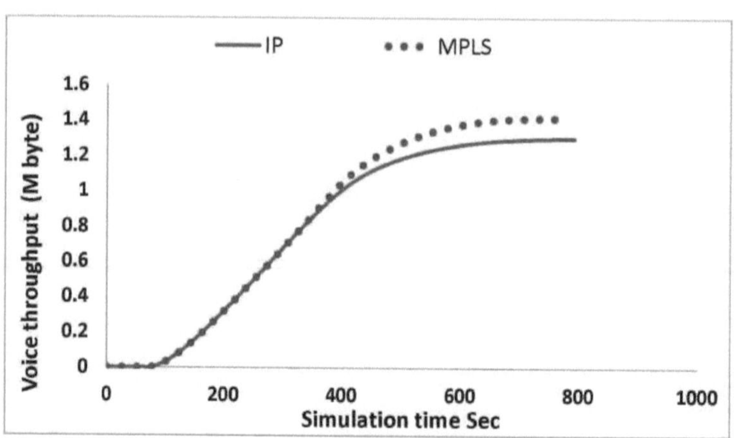

Figure 6.22: Débito de voz

6.5.2.2 Atraso de voz de extremo a extremo

A figura 6.23 mostra o atraso de voz de extremo a extremo, em bytes, em relação ao tempo de simulação. A partir desta figura, pode ver-se que a rede MPLS proporciona um atraso de extremo a extremo inferior ao da rede IP tradicional. No MPLS, a etiquetagem dos pacotes permite uma taxa de processamento mais rápida nos encaminhadores do que no IP convencional, em que é efectuado o procedimento de correspondência de endereços.

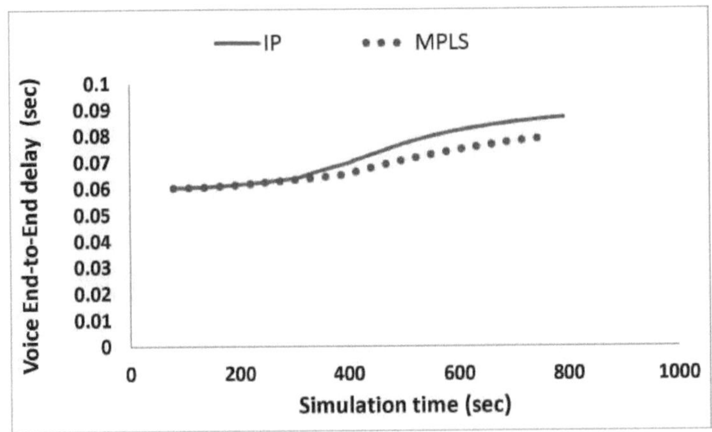

Figure 6.23: Atraso de voz de ponta a ponta

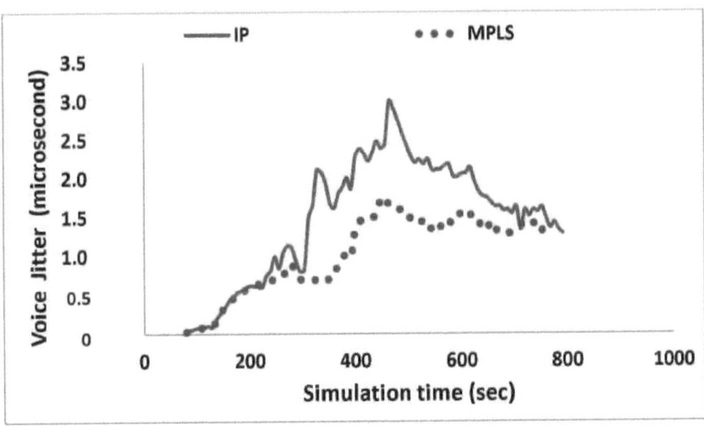

Figure 6.24: Jitter de voz

6.5.2.3 Jitter de voz

A Figura 6.24 mostra o jitter do pacote de voz em função do tempo de simulação do modelo de rede MPLS e IP. Verifica-se que o Voice Jitter começa a aumentar na rede IP antes de a rede MPLS começar a aumentar e atinge um valor mais elevado do que a rede MPLS.

6.5.3 Conclusão 3

Pode concluir-se que o MPLS oferece a melhor solução para a implementação da aplicação VoIP, em comparação com as redes IP convencionais, pelas seguintes razões

• Os encaminhadores em MPLS demoram menos tempo a encaminhar os pacotes, o que é mais adequado para aplicações como o VoIP, que tem menos tolerância aos atrasos da rede.

• A implementação de MPLS com TE minimiza o congestionamento na rede. O TE em MPLS é implementado utilizando os protocolos de sinalização, como o CR-LDP e o RSVP.

• O MPLS sofre um atraso mínimo e proporciona um débito elevado em comparação com as redes IP convencionais.

6.6 Quarta tarefa: Diffserv-MPLS

Este estudo experimental mostra o efeito da integração de DiffServ e MPLS para melhorar a qualidade de serviço do tráfego de vídeo.

6.6.1 Modelo e configuração da rede

Neste projeto, são fornecidas três classes de serviço: Expedited Forwarded (EF), Assured Forwarded, nomeadamente AF11 e AF21.O tráfego EF tem uma garantia de largura de banda óptima com baixa latência, baixo jitter e sem perda de pacotes. O tráfego de vídeo foi definido como o serviço EF na simulação. São utilizadas ligações E1 (2.048 Mbps) para ligar todos os routers e ligações de 10 Mbps para ligar as estações de trabalho aos dois LERs. A mesma topologia utilizada apenas substitui a estação de voz pela estação http. O tráfego FTP foi definido como um serviço de carga elevada e de melhor esforço, em que os ficheiros têm 50000 bytes e o tempo entre os pedidos dos clientes é exponencialmente distribuído com uma média de 360 segundos. Para o tráfego Http, foi selecionada a navegação pesada, em que os tempos de chegada entre páginas são exponencialmente distribuídos com uma média de 60 segundos e cada página tem 1000 bytes de texto e 5 "imagens médias". Estão a ser testados três cenários diferentes, a saber

1. IP_Topologia de melhor esforço.

2. Topologia MPLS.

3. Topologia DiffServ.

4.   Integração de MPLS e DiffServ (DiffServ-MPLS).

6.6.2 Resultados da simulação

No protocolo DiffServ-MPLS, o Weighted Fair Queuing (WFQ) é aplicado na rede, dando mais prioridade à classe EF do que às classes AF11 e AF21. A vantagem de utilizar o DiffServ-MPLS na rede IP é a capacidade de o fornecedor de serviços utilizar plenamente a classe Forward Equivalent Class (FEC) através da classificação do tráfego DiffServ via PHB.

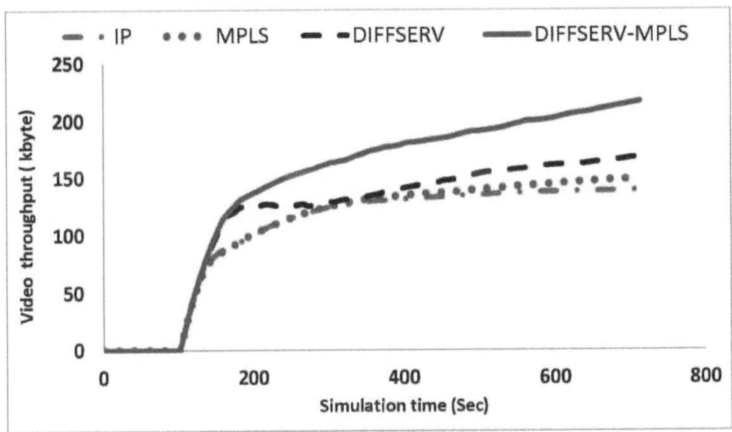

Figura 6.25: Taxa de transferência de vídeo

6.6.2.1 Taxa de transferência de vídeo

A Figura 6.25 mostra a taxa de transferência de vídeo em relação ao tempo de simulação dos quatro cenários. A partir desta figura, pode ver-se que o DiffServ-MPLS melhora claramente a taxa de transferência de vídeo em mais de 63% em comparação com o encaminhamento convencional, devido à fusão das funcionalidades MPLS e do mecanismo de QoS DiffServ.

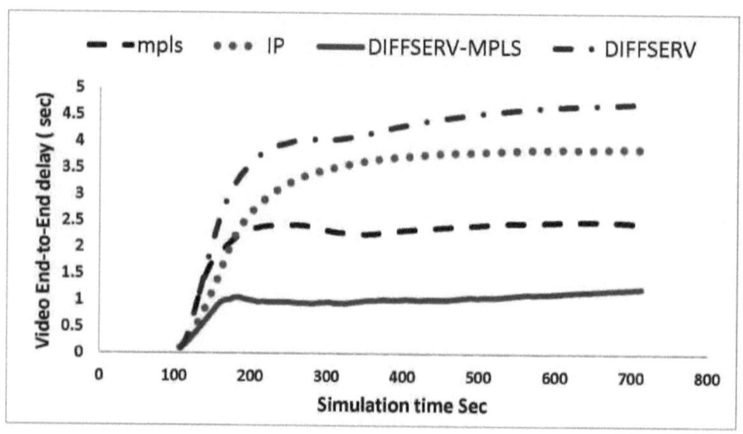

Figura 6.26: Atraso de vídeo de ponta a ponta

6.6.2.2 Atraso de vídeo de ponta a ponta

A Figura 6.26 mostra o atraso de fim a fim do vídeo em relação ao tempo de simulação dos quatro cenários. A partir dessa figura, pode-se ver que o DiffServ-MPLS apresenta o menor atraso de ponta a ponta entre os quatro esquemas, pois atende à rede em termos de seu PHB, em que a priorização foi oferecida à aplicação de vídeo. E o MPLS é usado para distribuir o tráfego nos recursos da rede. Por conseguinte, o DiffServ-MPLS demonstrou a vantagem de utilizar estes dois atributos para oferecer o menor atraso extremo-a-extremo para o tráfego de vídeo, mesmo com um fluxo de tráfego elevado.

6.6.2.3 Fluxo de tráfego HTTP e FTP

A Figura 6.27 e a Figura 6.28 mostram a relação entre a taxa de transferência em bytes para HTTP e FTP e o tempo de simulação. Ambas as figuras demonstram como o tráfego Assured Forwarded está a ser afetado na rede quando foram utilizados os três esquemas de QoS. Recorde-se que, na rede DiffServ, foi dada maior prioridade ao tráfego FTP do que ao tráfego Http. Uma vez que o FTP foi classificado com melhor QoS do que o Http, observa-se que o DiffServ-MPLS serviu o FTP muito melhor do que os outros esquemas. Isto deve-se ao facto de, no DiffServ-MPLS, o FTP e o Http partilharem o mesmo caminho de rede, enquanto o vídeo foi encaminhado para outro caminho e o FTP recebeu melhores serviços do que o Http.

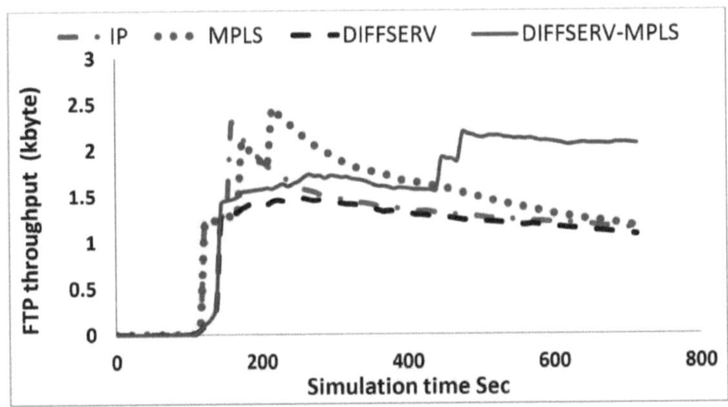

Figura 6.27: Taxa de transferência de FTP

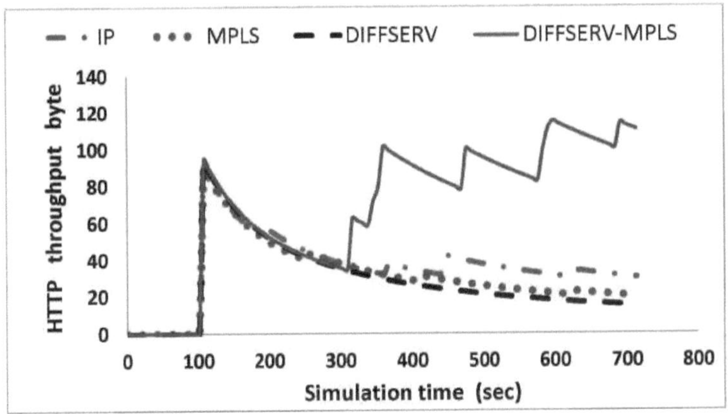

Figura 6.28: Taxa de transferência HTTP

É importante notar que o tráfego FTP e Http é TCP e o tráfego de vídeo é UDP. Quando o TCP detecta um congestionamento na rede, a fonte TCP passa pela fase de controlo do congestionamento e diminui a taxa de transmissão. No entanto, quando o DiffServ-MPLS é utilizado, reduz o congestionamento na rede, de modo que a taxa de transmissão não diminui significativamente, como mostram as Figuras 6-27 e 628. Além disso, pode ver-se na Fig. 6-25 que o débito de vídeo continua a aumentar, uma vez que o UDP não tem controlo de congestionamento.

6.6.3 Conclusão 4

O suporte MPLS do DiffServ satisfaz as duas condições necessárias para a QoS: largura de banda garantida e tratamento diferenciado das filas de espera. O MPLS satisfaz a primeira condição, ou seja, força o fluxo de aplicações para os caminhos com largura de banda garantida; e, ao longo desses caminhos, o DiffServ satisfaz a segunda condição, fornecendo um tratamento diferenciado das filas de espera.

6.7 Quinta tarefa BGP MPLS VPN

Palmieri [14] comparou as tecnologias de redes privadas virtuais e provou que a VPN MPLS BGP é a melhor para construir uma rede privada virtual, pelo que não repetimos este facto no nosso estudo.

A principal tarefa desta parte é analisar o comportamento da VPN MPLS e estudar o problema da escalabilidade de acordo com um determinado projeto de rede. Para realizar esta tarefa, o tráfego VoIP é utilizado através da espinha dorsal da VPN MPLS, que consiste no protocolo de gateway interior (IGP) OSPF e no protocolo de gateway exterior (EGP) BGP. O pacote OPNET V14.5 foi utilizado para analisar o comportamento do backbone MPLS VPN e o efeito da solução do problema de escalabilidade.

6.7.1 Cenários de rede

Dependendo da forma como a VPN MPLS é implementada, utilizando uma malha completa entre os encaminhadores PE ou utilizando o refletor de encaminhamento, temos os seguintes cenários:

1. Espinha dorsal VPN MPLS com IGP sem refletor de encaminhamento (malha completa).

2. Espinha dorsal VPN MPLS com refletor de encaminhamento (RR).

6.7.2 Modelo de rede

Três VPNs, denominadas VPNA, VPNB e VPNC, são construídas no modelador OPNET utilizando :

*   5 routers PE (PE1 - PE5).

*   1 P router (P).

- 6 encaminhadores CE (CEA1, CEA2, CEBI, CEB2, CEC1, CEC2).

- 6 sub-redes, cada uma composta por 100 clientes.

No primeiro cenário, o encaminhador P apenas reencaminha os pacotes, mas no segundo cenário está configurado como RR e todos os PEs estão configurados como clientes. O tráfego VoIP é enviado do local A1 para o local A2 na VPN A. As chamadas VoIP são estabelecidas nos dois cenários utilizando fluxos de tráfego que geram 12 Mbps e 100 pacotes/segundo de voz G711. Ambos os cenários foram simulados de forma a obter o atraso da VPN e a utilização do CPU.

6.7.3 Configuração de rede

Em cada PE, o BGP é ativado e os pares são determinados a partir dos parâmetros BGP dos vizinhos, como se mostra na Figura 6.29.

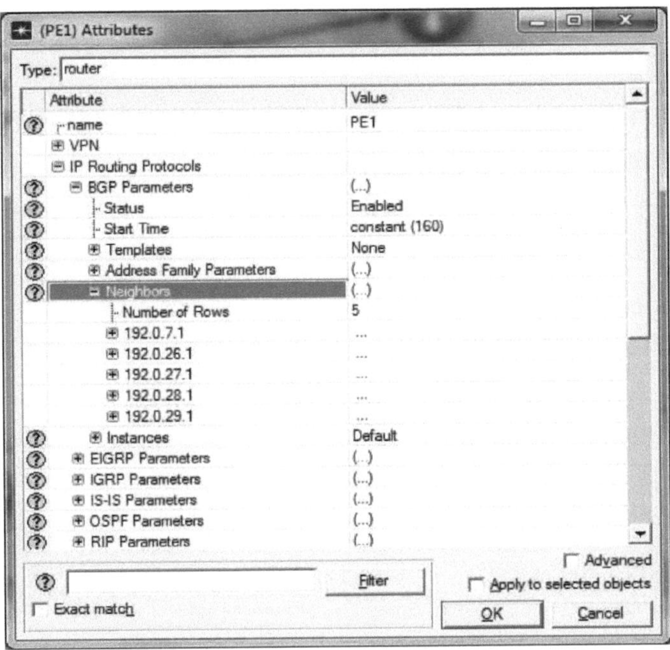

Figura 6.29: Vizinhos BGP

No primeiro cenário, para cada PE, todos os outros PEs e o CE ligado a ele selecionam pares e, em seguida, utilizando a implementação da VPN MPLS, são criadas três VPNs, selecionando o PE e o CE para cada VPN, conforme ilustrado na Figura 6.30.

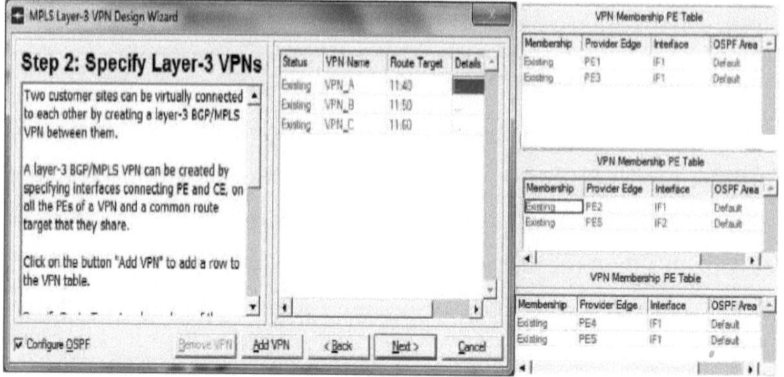

Figura 6.30: Construir uma VPN MPLS

No segundo cenário, os reflectores de rotas são utilizados para reduzir o número necessário de ligações IBGP. O RR é configurado no modelo de rede através da configuração de um único atributo composto em o encaminhador P que actua como refletor de rotas, da seguinte forma

1. Especifique o ID do agrupamento (coloque-o igual ao número do sistema autónomo da rede principal) suportado por este refletor de rotas, conforme ilustrado na Fig. 6.31 (a)

2. Especifique os vizinhos que serão membros do grupo de clientes, conforme mostrado na Fig. 6.31 (b)

3. Ativar a reflexão de rotas entre clientes, como mostra a Fig. 6.31 (c) [77].

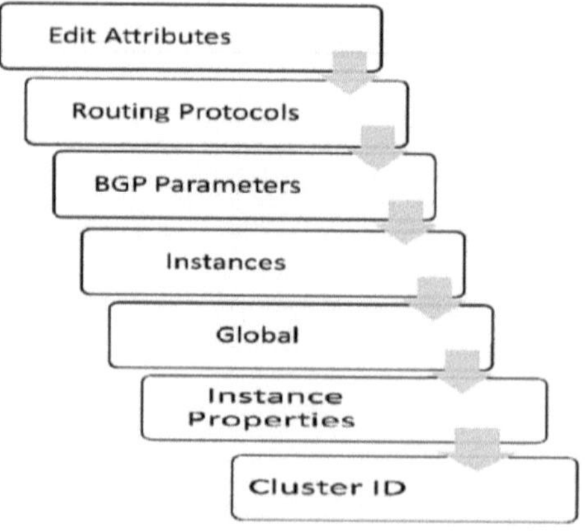

(a)

100

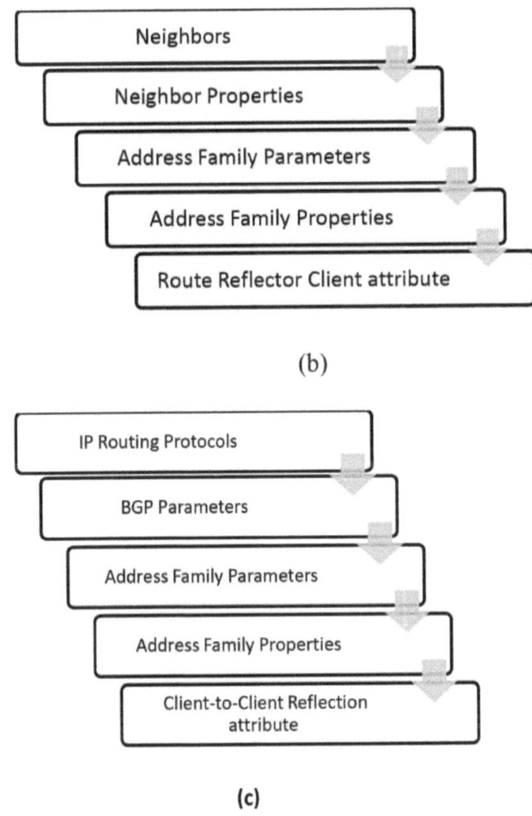

(b)

(c)

Figura 6.31: Configuração do refletor de rotas

6.7.4 Resultados e discussão

A Figura 6.32 mostra o atraso de ponta a ponta para o tráfego através de uma VPN MPLS-BGP em relação ao tempo de simulação. Esse atraso é medido como o tempo decorrido entre o tráfego que entra na "rede do provedor" através do PE de entrada e o tráfego que sai da "rede do provedor" através do PE de saída. Tenha em atenção que o atraso da VPN não é um atraso da ligação física. O atraso máximo de extremo-a-extremo para a espinha dorsal da VPN MPLS é de 400 ms, sendo recomendado como 150 ms pelo ITU-T [78].

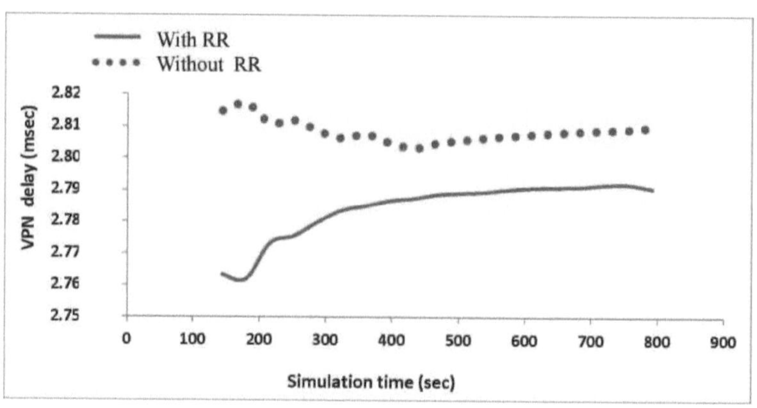

Figura 6.32: Atraso da VPN

A Figura 6.32 mostra que o atraso da VPN diminui quando a RR é usada na rede. Isto deve-se ao facto de o RR melhorar o desempenho geral da rede ao reduzir o estado de encaminhamento na espinha dorsal[79].

Quando o RR é utilizado na rede, cada PE efectua o emparelhamento apenas com o RR em vez de efetuar o emparelhamento com todos os outros PE, ver Figura 6.33. Assim, o número de pares que o PE deve manter permanece constante, independentemente do número de PEs na rede. Isso reduz o estado de roteamento que o PE deve manter, o que, por sua vez, reduz o uso da CPU no roteador PE, conforme mostrado na Figura 6-34. Outro benefício da utilização de RRs é obtido quando se adicionam novos PEs à rede, apenas o refletor de rotas precisa de ser reconfigurado.

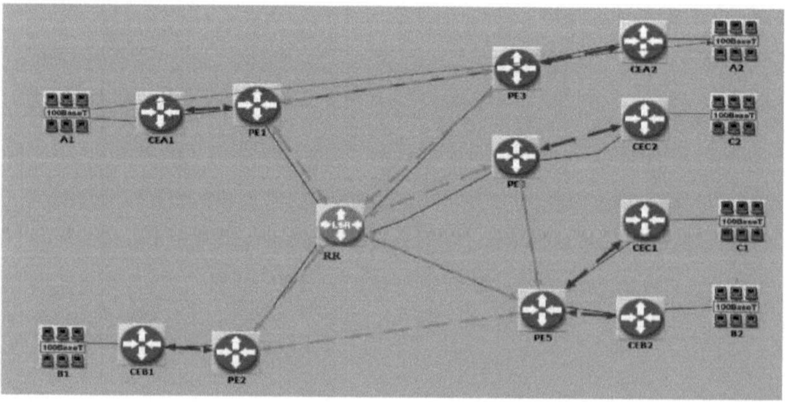

Figura 6.33: Pares BGP com RR

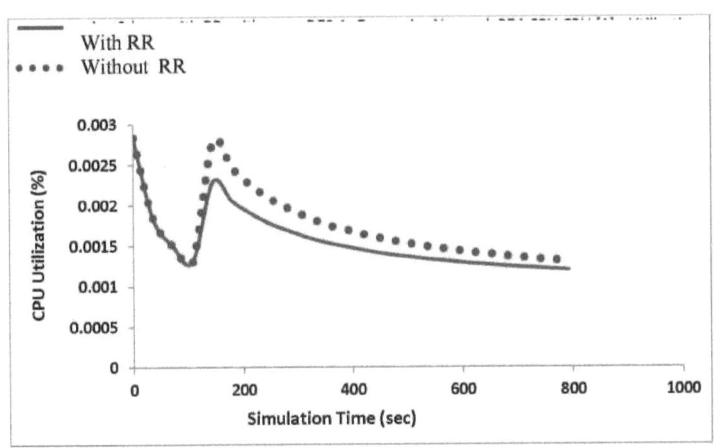

Figura 6.34: Utilização da CPU

A Figura 6-34 mostra a utilização da CPU em relação ao tempo de simulação. A pequena utilização da CPU que aparece na figura deve-se ao facto de a considerarmos para o router PE que apenas tem tráfego de controlo para garantir que a CPU é utilizada apenas para manter os estados de encaminhamento e também porque a rede é pequena, pelo que o número de estados de encaminhamento que o router PE tem de manter é muito pequeno, mas quando se utiliza um grande número de VPNs o efeito da utilização do RR aparece claramente.

O RR resolve o problema do aprovisionamento de novos dispositivos na rede, mas surge um novo problema de escala porque o RR mantém todas as rotas VPN na rede (limitação de memória) e o RR tem de propagar todas as alterações VPN (limitação de CPU).

Uma forma de ultrapassar a manutenção de todas as rotas VPN num único dispositivo é dividi-las em vários RRs, de modo a que cada RR mantenha um subconjunto das rotas. Mas à medida que a implantação da VPN cresce, um número cada vez maior de PEs acaba por fazer peering com todos os RRs, pelo que o RR tem de enviar actualizações para um número cada vez maior de PEs.

medida que o grupo RR cresce em número de clientes, a eficiência do processamento de actualizações diminui e a carga da CPU aumenta, pelo que esta técnica não pode conter a explosão da dimensão da tabela de encaminhamento. De facto, o número de rotas BGP em tais redes pode atingir cerca de 2 milhões de rotas. Para fazer face a estes problemas de escalabilidade, é proposta uma solução incremental, que são as restrições RT [80].

Alguns PEs recebem as actualizações em que não estão interessados. Em vez disso, esse PE anuncia ao RR o conjunto de objectivos de rota (RT) que lhe interessa e a filtragem é feita no RR, o que resulta na redução do número de anúncios de rotas VPN.

6.7.5 Conclusão 5

A partir da discussão anterior, pode ver-se que o BGP não é adequado para o encaminhamento de VPN em grande escala porque faz com que alguns encaminhadores mantenham o estado de todas as rotas na rede. Os RRs fazem com que os encaminhadores PE apenas mantenham o estado para um número constante de encaminhadores, independentemente do número de PEs na rede. Isto reduz o estado que os PEs têm de manter e resolve o problema do aprovisionamento de novos dispositivos.

Em redes de grande escala, o próprio RR mantém o estado de todas as rotas na rede, o que impede o RR de conter as grandes tabelas de encaminhamento daí resultantes. A filtragem de destino de rota (RT) pode ser usada para reduzir o número de anúncios de rotas VPN enviados a um par BGP. Esta melhoria da escalabilidade é importante para as implementações que utilizam reflectores de rotas, porque reduz a carga de processamento colocada no refletor de rotas.

6.8 Recuperação de falhas de seis tarefas

A principal tarefa desta parte é comparar os métodos de recuperação de falhas em redes MPLS. Para realizar esta tarefa, é utilizado tráfego VoIP através do backbone MPLS e a falha de caminho ocorre após 450 segundos do início da aplicação. São utilizados dois métodos de recuperação: recuperação global e recuperação local.

Na recuperação global, quando ocorre uma falha, o router de entrada adopta o caminho de backup pré-concebido, enquanto na recuperação local o tráfego é forçado a entrar num túnel de desvio que funciona como um desvio.

6.8.1 Cenários de rede

Dependendo da forma como a recuperação de falhas é efectuada, temos os seguintes cenários:

3.   Espinha dorsal MPLS com caminho de backup de entrada (recuperação global).

4.   Espinha dorsal MPLS com túnel de derivação (recuperação local).

5.   Espinha dorsal MPLS com caminho de backup de entrada e túnel de desvio (recuperação

híbrida)

6.8.2 Modelo de rede

O backbone MPLS de grande dimensão é construído no modelador OPNET utilizando:

*   20 routers MPLS (1 - 20).

*   1 Fonte VoIP.

*   1 servidor VoIP.

Como mostra a Figura 6.35.

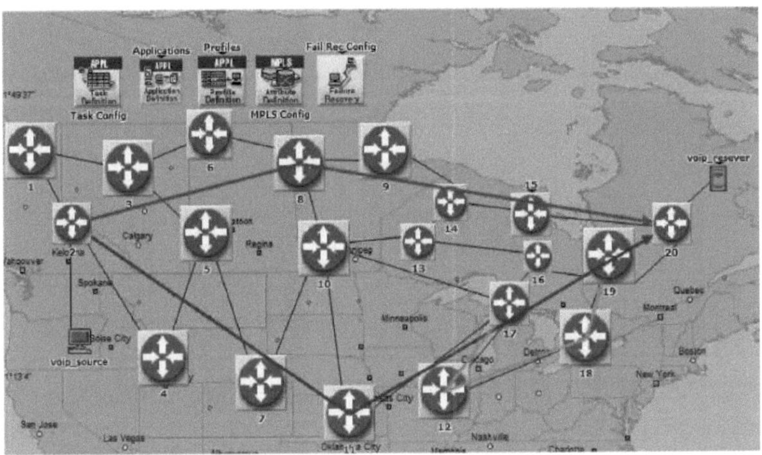

Figura 6.35: Métodos de recuperação de avarias

6.8.3 Configuração de rede

No primeiro cenário, apenas o caminho de backup é usado e configurado no roteador de entrada 2, como mostrado na Figura 6.36. No segundo cenário, o túnel de desvio é configurado no roteador 17, como mostrado na Figura 6.37. O link entre 16 e 17 é configurado para falhar em 450 segundos e ainda falhar até o final. Isto é feito pelo objeto de configuração de recuperação de falhas no modelador OPNET. No terceiro cenário, o nó 12 também está configurado para falhar em 550 segundos.

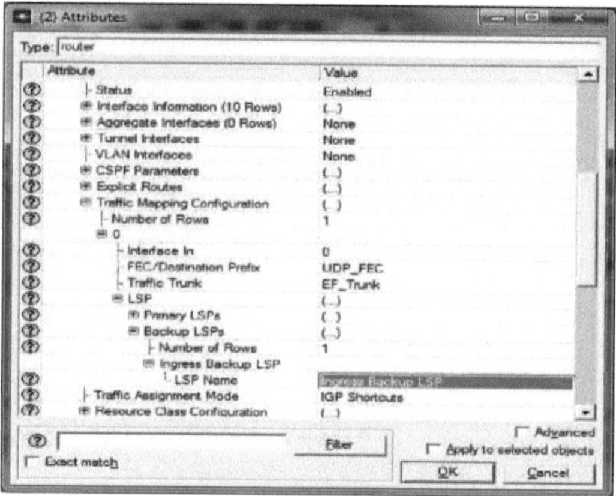

Figura 6.36: LSP de backup de entrada

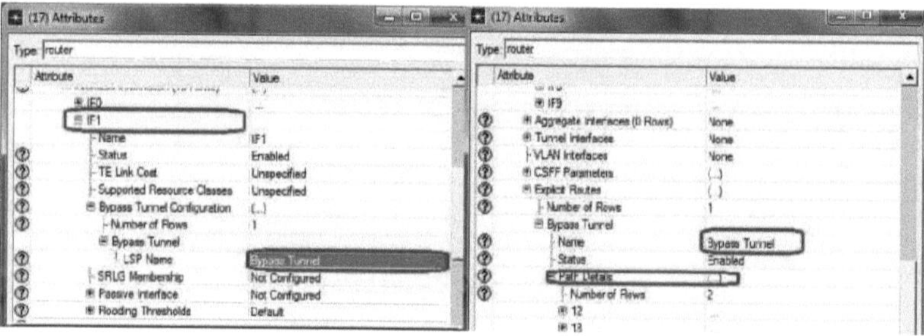

Figura 6.37: Túnel de derivação

6.8.4 Resultados e discussão

A Figura 6-38 mostra a taxa de transferência do LSP primário e do LSP de reserva em bits por segundo e mostra que, quando o tráfego de dados falha a 450 segundos, o tráfego é transferido rapidamente para o LSP de reserva, mas os dados são perdidos durante alguns segundos.

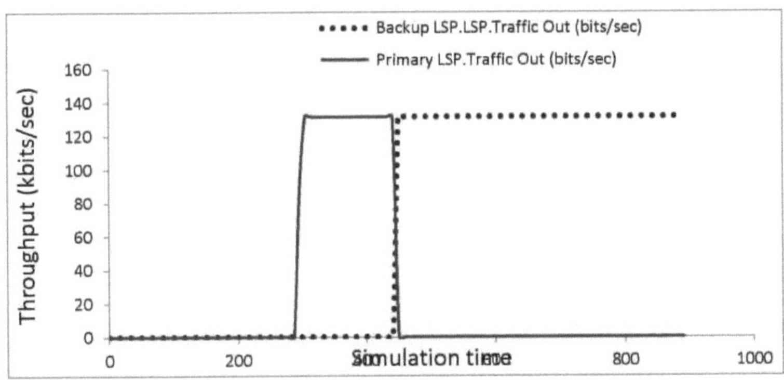

Figure 6.38: Recuperação global

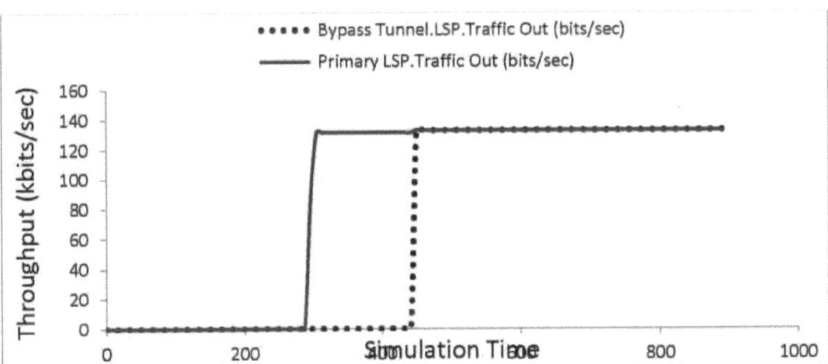

Figure 6.39: Recuperação local

Figure 6.39 mostra o débito dos LSPs do túnel primário e do túnel de derivação em bits por segundo e mostra que, quando o tráfego de dados falha a 450 segundos, o tráfego é transferido para o túnel de derivação e a taxa de perda de dados é inferior à da recuperação global.

Figure 6.40 mostra o débito dos LSP primários, do túnel de derivação e dos LSP de reserva e mostra que, quando o tráfego de dados falha a 450 segundos, o tráfego passa para o túnel de derivação e, quando o nó 12 falha, o tráfego passa para o caminho de reserva. Isto resulta num método de recuperação mais fiável e os nós com elevada fiabilidade ou ligações com baixo fluxo são adoptados para recuperação global para melhorar a utilização dos recursos, e os nós com elevada taxa de falha ou ligações com grande fluxo são adoptados para recuperação local para encurtar o período de recuperação porque o tráfego é rapidamente transferido para um caminho próximo.

107

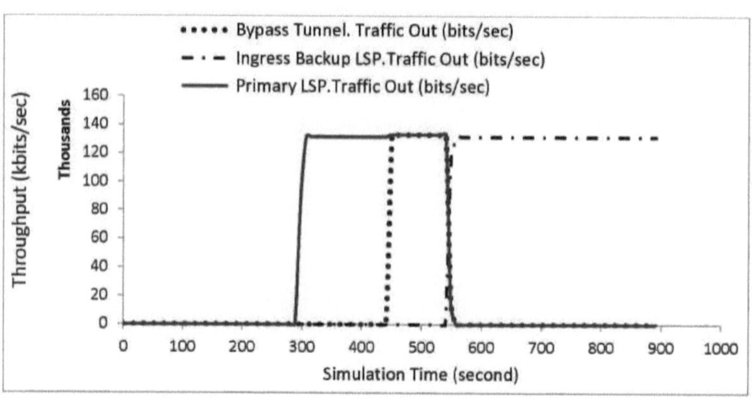

Figure 6.40   Recuperação híbrida

6.8.5 Conclusão 6

A partir da discussão anterior, pode verificar-se que a recuperação global é simples, mas tem um longo período de recuperação. A recuperação local tem um período de recuperação curto, mas a sobrecarga da rede é grande. A combinação dos dois métodos pode criar um bom método de recuperação.

Capítulo 7 Conclusão e trabalhos futuros

Conclusão e trabalhos futuros

7.1 Conclusão

O principal objetivo da tese baseia-se na análise do desempenho da rede IP convencional e da rede MPLS no que respeita ao tráfego VoIP e vídeo. Segue-se um estudo dos efeitos da integração do DiffServ e do MPLS no desempenho da rede. A análise de desempenho em ambas as redes é efectuada, incidindo sobre as métricas de desempenho como o jitter de voz, a variação do atraso dos pacotes de voz, o atraso extremo-a-extremo de voz, o pacote de voz enviado e recebido. A nossa investigação começou com uma revisão da literatura sobre o estado da arte do IP, MPLS, aplicações multimédia e VPNs.

Uma das aplicações mais populares do MPLS é a VPN MPLS BGP; a razão desta popularidade é a elevada escalabilidade deste esquema. São estudados os aspectos de escalabilidade da VPN MPLS BGP e as soluções para aumentar essa escalabilidade para VPNs de grande escala. Finalmente, podemos apresentar o seguinte resumo:

1. Os encaminhadores em MPLS demoram menos tempo a encaminhar os pacotes, o que é mais adequado para aplicações como VoIP e videoconferência, que têm menos tolerância aos atrasos da rede.

2. A implementação de MPLS com TE minimiza o congestionamento na rede. O TE em MPLS é implementado utilizando os protocolos de sinalização, como o CR-LDP e o RSVP.

3. O MPLS sofre um atraso mínimo e proporciona um débito elevado em comparação com as redes IP convencionais.

4. O suporte MPLS do DiffServ satisfaz as duas condições necessárias para a QoS: largura de banda garantida e tratamento diferenciado do serviço de filas.

5. O MPLS satisfaz a primeira condição, ou seja, força os fluxos de aplicações para os caminhos com largura de banda garantida; e, ao longo desses caminhos, o DiffServ satisfaz a segunda condição, fornecendo um serviço de filas diferenciado.

6. A VPN MPLS BGP é a melhor escolha para criar VPNs de grande escala, mas ainda tem alguns problemas de escalabilidade.

7. O BGP não é adequado para o encaminhamento de VPNs em grande escala porque faz com que alguns encaminhadores mantenham o estado de todas as rotas na rede.

8. Os RRs fazem com que os routers PE apenas mantenham o estado para um número constante de routers, independentemente do número de PEs na rede. Isto reduz o estado que os PEs precisam de manter e resolve o problema do aprovisionamento de novos dispositivos.

9. Em redes de grande escala, o próprio RR mantém o estado de todas as rotas na rede, o que impede o RR de conter as grandes tabelas de encaminhamento daí resultantes.

10. A filtragem de objectivos de rota (RT) pode ser utilizada para reduzir o número de anúncios de rotas VPN enviados para um par BGP.

7.2 Trabalho futuro

O MPLS é utilizado nas redes de base, mas alguns operadores pensam transferi-lo para as redes de acesso, pelo que é importante estudar o suporte MPLS das novas tecnologias sem fios.

Também no domínio das VPN MPLS, é importante estudar o efeito do RT na redução do número de estados de encaminhamento nos RR.

Conclui-se que o BGP não é adequado para VPNs de grande escala porque obriga os encaminhadores a manter um grande número de estados de encaminhamento. No trabalho futuro, é possível propor novos métodos de encaminhamento ou otimizar o método de encaminhamento BGP para ultrapassar esta desvantagem do BGP.

Bibliografia

[1]   M. Rosen, "Quality of Service for IP Networks", Tese de Mestrado, Departamento de Engenharia de Software e Ciências da Computação, Instituto de Tecnologia de Blekinge, Suécia, outubro de 2002.

[2]   K. Jannu e R. Deekonda, "OPNET simulation of voice over MPLS," Tese de Mestrado, Departamento de Engenharia Eléctrica, Escola de Engenharia, Instituto de Tecnologia de Blekinge, Suécia, junho de 2010.

[3]   N. Rouhana e E. Horlait, "Differentiated Services and Integrated Services use of MPLS," ISCC '00 Proceedings of the Fifth IEEE Symposium on Computers and Communications (ISCC),Washington, DC, USA, pp. 194 - 199, 2000.

[4]   Z. Houidi e M. Meulle, "A new VPN routing approach for large scale networks," 18th IEEE International Conference on Network Protocols (ICNP), Kyoto, Japão, pp. 124-133, 2010.

[5]   S. Al-irhayim, J. Zubairi, Q. Mohammad e S. Latif, "Issues in voice over MPLS and DiffServ domains", Proc. of PDCS'2000, vol. 2, pp. 467472, fevereiro de 2000.

[6]   T. Saad, D. Makrakis, e V. Groza, "DiffServ-enabled adaptive traffic engineering over MPLS," International Conferences on Info-tech and Info-net (ICII), vol. 2, pp. 128-133, Nov. 2001.

[7]   A. Chpenst e T. Curran, "Otimização do tráfego QoS com um certo número de restrições em redes DiffServ/MPLS,"

http://citeseerx.ist.psu.edu/viewdoc/summary?doi=10.1.1.16.5517.

[8]   M. Hongyun, X. Linying, L. Zijian, e Z. Lianfang, "End-to-end QoS implement by DiffServ and MPLS," Canadian Conference on Electrical and Computer Engineering 2004 (IEEE), pp. 641-644, May.2004.

[9]   X. Zeng, C. Lung e C. Huang, "A Bandwidth-efficient Scheduler for MPLS DiffServ Networks", IEEE Communications Magazine, 2004.

[10] M. Porwal , A. Yadav e S. Charhate, "Traffic Analysis of MPLS and Non MPLS Network including MPLS Signaling Protocols and Traffic distribution in OSPF and MPLS," First International Conference on Emerging Trends in Engineering and Technology, pp. 187-

192, 2008.

[11] J. Jaffar, H. Hashim, H. Abidin, e M. K. Hamzah, "Video quality of service in Diffserv-aware multiprotocol label switching network," IEEE Symposium on Industrial Electronics & Applications, vol. 2, pp. 963-967, Out. 2009.

[12] F. Ahmed, I. Zafar "Analysis of traffic engineering parameters while using multi-protocol label switching (MPLS) and traditional IP networks," Asian Transactions on Engineering, vol. 01, no. 03, pp. 60-64, 2011.

[13] R. Naoum and M. Maswady, "Performance Evaluation for VoIP over IP and MPLS," World of Computer Science and Information Technology Journal (WCSIT), vol. 2, no. 3, pp. 110-114, 2012.

[14] F. Palmieri, "VPN scalability over high performance backbones Evaluating MPLS VPN against traditional approaches", Proceedings of the Eighth IEEE International Symposium on Computers and Communication (ISCC' 03), Antalya, Turkey, vol. 2, pp. 975 - 981, 2003.

[15] P. Veitch, "Scalability and Functionality Challenges for MPLS VPN Networks", The Journal of The Communications Network, vol. 6, n.º 2, pp. 38-44, abril-junho. 2007.

[16] I. Minei e P. R. Marques, "Scalability Considerations in BGP / MPLS IP VPNs," IEEE Communications Magazine, vol. 45, no. 4, pp. 26-31, abril de 2007.

[17] L. Ming-hui e X Jing-bo, "Research and Simulation on VPN Networking Based on MPLS," 4th International Conference on Wireless Communications, Networking and Mobile Computing (WiCOM), Dalian, China, pp. 26 -31, Out. 2008.

[18] X Jing-bo, L. Ming-hui, e W. Lu-jun, "Research on MPLS VPN Networking Application Based on OPNET," International Symposium on Information Science and Engineering, vol. 1, pp. 404- 408, Dec. 2008.

[19] L. Jun e L. Ying, "Research for Service Deployment Based on MPLS L3 VPN Technology," Conferência Internacional sobre Ciência Mecatrónica, Engenharia Eléctrica e Computadores, Jilin, China, pp. 1484-1488, agosto de 2011.

[20] G. Sabri, "QoS in MPLS and IP Networks", Tese de Mestrado, Departamento de Engenharia Eléctrica, Escola de Engenharia, Instituto de Tecnologia de Blekinge, Suécia, novembro de 2009.

[21] A. Rahman, A. H. Kabir, K. A. M. Lutfullahl, Z. Hassan e M. R. Amini, "Performance Analysis of MPLS Protocols over conventional Network", Microwave Conference, China-Japan Joint, pp. 763-766, 2008.

[22] T. McMillan, *Cisco Networking Essentials,* Sybex , ISBN: 1-118097-59- 9,P.400, Nov. 2011.

[23] N. F. Mir, "Simulation of voice over MPLS communication networks", The 8th International Conference on Communication Systems, vol. 1, pp. 389-393, Nov. 2002.

[24] G. Malkin, "RIP Version 2," IETF RFC 2453, Nov. 1998.

[25] J.Moy, "OSPF Version 2," IETF RFC 2328, abril de 1998.

[26] Y. Rekhter e T. Li, "A Border Gateway Protocol 4 (BGP-4)," IETF RFC 2328, março de 1995.

[27] M. Subramanian, A. Timothy, N. Gonsalves, R. Usha, "Network Management: Principles and Practice", Pearson Education India, P. 726, 2010.

[28] Cisco Systems,Inc, *Internetworking Technologies Handbook,*" 4ª Edição, Cisco Systems, p. 1128, Set. 2003

[29] A. Viswanathan, N. Feldman, Z. Wang e R. Callon, "Evolution of Multiprotocol Label Switching", IEEE Communications Magazine, pp. 165-173, maio de 1998.

[30] A. Boudani, B. Cousin, C. Jawhar e M. Doughan, "Multicast Routing Simulator over MPLS Networks", Actas do 36.º simpósio anual sobre simulação, 2003.

[31] M. Aslam, "Traffic Engineering with Multi-Protocol Label Switching Performance Comparison with IP networks", tese de mestrado, Departamento de Interação e Conceção de Sistemas, Escola de Engenharia, Instituto de Tecnologia de Blekinge, agosto de 2008.

[32] X. Sun, "Research on QoS of next generation network based on MPLS," IEEE International Conference on Information Science and Technology, china, pp. 294-296, março de 2012.

[33] H. Liwen, e B. Paul, "Pure MPLS Technology," The Third International Conference on Availability, Reliability and Security, IEEE Computer Society, pp. 253-259, 2008.

[34] L. ping e L. Wang, "Design and realization of all optical network based on MPLS," 2nd International Conference on Consumer Electronics, Communications and Networks

(CECNet), pp. 245-247, abril de 2012.

[35] R. Martin, M. Menth, e K. Canbolat, "Capacity Requirements for the One-to-One Backup Option in MPLS Fast Reroute," 2006 3rd International Conference on Broadband Communications, Networks and Systems, pp. 1-8, Out. 2006.

[36] R. Martin, M. Menth e K. Canbolat, "Capacity requirements for the facility backup option in MPLS fast reroute," 2006 Workshop on High Performance Switching and Routing, junho de 2006.

[37] H. Hodzic e S. Zoric, "Traffic Engineering with Constraint Based Routing in MPLS Networks", 50.º Simpósio Internacional ELMAR-2008, Zadar, Croácia, pp. 10-12, setembro de 2008.

[38] D. Awduche, "MPLS and Traffic Engineering in IP Networks", IEEE Communications Magazine, vol. 32, n.º 12, pp. 42-47, Dez. 1999.

[39] I. Ikram, "Traffic Engineering with MPLS and QOS", tese de mestrado, departamento de Engenharia Eléctrica, Escola de Engenharia, Instituto de Tecnologia de Blekinge, Suécia, 2009.

[40] Y. Lecun e B. Shahraray, "Scanning the Technology on the Applications of Multimedia Processing to Communications," IEEE Proceedings vol. 86, no. 5, pp. 755- 842, maio de 1998.

[41] J. Gibson, *Multimedia Communications*", ACADEMIC PRESS, 2001.

[42] C. Chin-Tan, "Performance analysis of voice traffic in MPLS communication networks", Tese de Mestrado, Departamento de Engenharia Eléctrica, San Jose State University, dezembro de 2002.

[43] ITU-T, "ITU-T FASCICLE III.4: General Aspects of Digital Transmission Systems Terminal Equipments - Recommendations G.700-G.795," Recomendação G711, janeiro de 1989.

[44] G. Mehdi, "Future of VoIP over Wireless in Economic Downturn", tese de mestrado, Departamento de Engenharia Eléctrica, Escola de Engenharia, Instituto de Tecnologia de Blekinge, Suécia, novembro de 2009.

[45] K. Rao, Z. Bojkovic, e D. Milovanovic, *Introduction to Multimedia Communications*",

uma publicação da JOHN WILEY & SONS, INC. PUBLICAÇÃO, 2006.

[46] M.Khasnabish e B.Tatipamula, "*Multimedia Communications Networks Technologies and Services*", Artech House, Boston, 1998.

[47] A. Chakrabarti e G. Manimaran, "Internet Infrastructure Security: A Taxonomy," IEEE Network, vol. 16, No.6, pp. 13-21, dezembro de 2002.

[48] S. Davidson, J. Peters, M. Bhatia, S.Kalidindi e S Mukherjee, "*Voice over IP Fundamentals*", Segunda Edição, Cisco Press, 2007.

[49] A. Ram, "Assessment of Voice over IP as a Solution for Voice over ADSL Assessment of Voice over IP as a Solution for Voice over ADSL," Tese de Mestrado, Faculdade do Instituto Politécnico da Virgínia, maio de 2002.

[50] R. Zhang, X. Wang, X. Yang e X. Jiang, "On the billing vulnerabilities of SIP-based VoIP systems", Computer Networks, vol. 54, n.º 11, pp. 1837-1847, 2010.

[51] T. Wallingford, "*Switching to VoIP*", O'Reilly Media, p. 504, 2005.

[52] S. Blake, D. Black, M. Carlson, E. Davies, Z. Wang e W. Weiss, "An Architecture for Differentiated Services", IETF RFC 2475, dezembro de 1998.

[53] A. Qinxia, "Analysing the Characteristics of VoIP Traffic", tese de mestrado, College of Graduate Studies and Research, Department of Computer Science, University of Saskatchewan, Canadá, julho de 2007.

[54] Javvin Technologies, "*Network Protocols*", 4ª ed., EUA. EUA: Javvin Press, abril de 2007.

[55] R. Braden, D. Clark, e S . Shenker, "Integrated Services in the Internet Architecture : an Overview", IETF RFC 1633, julho de 1994.

[56] S. Shenker, C. Partridge e R. Guerin, "Specification of Guaranteed Quality of Service", IETF RFC 2212, setembro de 1997.

[57] J. Wroclawski, "Specification of the Controlled-Load Network Element Service", IETF RFC 2211, setembro de 1997.

[58] R. Braden, L. Zhang, S. Berson e S. Jamin, "Resource ReSerVation Protocol", IETF RFC 2205, setembro de 1997.

[59] S. Kerker, "Applying QoS to a VoIP network Is it worth it?", tese de mestrado, Escola

de Matemática e Engenharia de Sistemas, Universidade de Vaxjo, Suécia, agosto de 2002.

[60] V. Jacobson, K. Nichols e K. Poduri, "An Expedited Forwarding PHB", IETF RFC 2598, junho de 1999.

[61] J. Heinanen, F. Baker, W. Weiss e J. Wroclawski, "Assured Forwarding PHB Group", IETF RFC 2597, junho de 1999.

[62] N. Alborz, "Implementation and performance simulation of VirtualClock scheduling algorithm in IP networks", tese de mestrado, School of Engineering, Simon Fraser University, Canadá, abril de 2002.

[63] I. Minei, "MPLS DiffServ-aware Traffic Engineering", Livro Branco, 2000. http://www.terabitsystems.com/juniper-docs/MPLS%20DiffServ aware%20Traffic%20Engineering.pdf, acedido em novembro de 2012.

[64] I. Minei e J. Lucek, "MPLS-Enabled Applications: Emerging Developments and New Technologies", série Wiley em redes de comunicação e sistemas distribuídos, WILEY, terceira edição, outubro de 2010.

[65] A. Saika, R. EL-Kouch, M. Himmi, B. Raouyane, M.Bellafkih e A.Errais, "QoS na rede MPLS-DiffServ," A Sexta Conferência Internacional SETIT 2012: Ciências da Eletrónica, Tecnologias da Informação e Telecomunicações, IEEE, maio de 2012.

[66] M. Menth, B. Briscoe e T. Tsou , "Precongestion Notification: New QoS Support for Differentiated Services IP Networks", IEEE Communication Magazine, vol. 5,No. 3 , pp. 94-103, março de 2012.

[67] C. Liu, Y. Liu, D. Qian, e M. Li, "An Approach of End-to-End DiffServ / MPLS QoS Context Transfer in HMIPv6 Networks," Eighth International Symposium on Autonomous Decentralized Systems (ISADS'07), IEEE Computer Society, 2007.

[68] T. Li, "CPE based VPNs using MPLS," Juniper network, Internet Draft, disponível em http://tools.ietf.org/html/draft-li-mpls-vpn-00, acedido em setembro de 2012.

[69] E. Rosen e Y. Rekhter, "BGP/MPLS VPNs", IETF RFC 2547, março de 1999.

[70] D. Fedyk e Y. Rekhter et.al, "Layer 1 VPN Basic Mode," IETF RFC 5251, novembro de 2008.

[71] E. Rosen e Y. Rekhter, "BGP/MPLS IP Virtual Private Networks (VPNs)," IETF RFC

4364, fevereiro de 2006.

[72] K. Kompella e Y. Rekhter, "Virtual Private LAN Service (VPLS) Using BGP for Auto-Discovery and Signaling," IETF RFC 4761, janeiro de 2007.

[73] P. Knight, H. Ould-brahim, e B. Gleeson, "Network based IP VPN Architecture Using Virtual Routers," Internet Draft, disponível em http://tools.ietf.org/html/draft-ietf-l3vpn-vpn-vr-03, acedido em setembro de 2012.

[74] Y. Zhao e Z. Deng, "A Design of WAN Architecture for Large Enterprise Group Based on MPLS VPN," 2012 International Conference on Computing, Measurement, Control and Sensor Network (CMCS), pp. 340-342, julho de 2012.

[75] I. Peplnjak, J. Guichard, "*MPLS and VPN Architectures*", 3ª ed., Cisco Press, 2001.

[76] G. Di Battista, M. Rimondini, e G. Sadolfo, "Monitoring the status of MPLS VPN and VPLS based on BGP signaling information," 2012 IEEE Network Operations and Management Symposium, pp. 237-244, Abr. 2012.

[77] OPNET Technologies, Inc. , "OPNET Documentation," 1986-2008. http://www.opnet.com/support

[78] A. Alvarez, "*QoS for IP/MPLS Network*", 1ª ed., Cisco Press, 2006.

[79] S. Parra, G. Rubio, e L. Castellanos, "MPLS/VPN / BGP Networks Evaluation Techniques," 2012 Workshop on Engineering Applications (WEA), IEEE, pp. 1- 6, maio de 2012.

[80] P. Marques, "Constrained Route Distribution for Border Gateway Protocol/MultiProtocol Label Switching (BGP/MPLS) Internet Protocol (IP) Virtual Private Networks (VPNs)," IETF RFC 4684, 2006.

Printed by Books on Demand GmbH, Norderstedt / Germany